Erik v. Grawert-May

HIMMLISCHER GLANZ

Aus den Memoiren eines Doppelgängers
Band 2.1

ZWEI SCHWIERIGE SCHWESTERN
VERSCHWISTERN?

Entwurf einer Führungskultur
für beide Häuser der Berliner Staatsbibliothek

mit Abbildungen am Ende des Textes

Erik v. Grawert-May

Unternehmensästhet aus der Lausitz, lebt in Berlin

www.grawert-may.de

Cover und Layout: Cornelia Agel

Foto Umschlag: Die Prinzessinnengruppe von Johann Gottfried Schadow

© Rückseite: Till Niermann (CC BY-SA 3.0)

© Vorderseite: Manfred Brückels (CC BY-SA 3.0)

Herstellung und Verlag:

BoD- Books on Demand, Norderstedt 2019

ISBN 978-3-750417-37-3

Dem künftigen
Generaldirektorium

INHALT

I.
FEHLENDE FÜHRUNG

BÄUMCHEN WECHSEL DICH
Scheiden tut weh

Alarm!

Im Haus 2 der Staatsbibliothek am Kulturforum war der Vormittag noch nicht verstrichen, da hieß es, alle Nutzer müssten das Gebäude umgehend verlassen. Auf der Fläche eines Quadratmeters hatte sich über Nacht ein Häufchen Asbeststaub angesammelt. Damit ist nicht zu spaßen.

Es begann die erste Räumungsaktion, die ich dort erlebte. Tatsächlich ging das Ganze derart schnell vonstatten, dass dem, der nicht gleich zur Stelle, sondern vielleicht gerade auswärts war, seine Arbeitsmaterialien hinterhergetragen werden mussten.

Auch ich befand mich während des Alarms nicht in der Bibliothek. Nie hätte ich gedacht, dort, in dem Haus Scharouns, je in eine solche Lage zu geraten. Mir schien deshalb die ganze Aktion wegen der Plötzlichkeit, in der alles geschah, nicht eine harmlose Räumung zu sein. Es war mir, als würden wir evakuiert.

Nachträglich stellte sich allerdings heraus, wie selbstvergessen ich mich in dem Haus bewegt hatte. Oft genug schon verlautete vorher aus dem Bauch des Gebäudes, Haus 2 müsse irgendwann in nächster Zeit von Grund auf saniert werden, und das, obwohl bereits zuvor eine monatelange Asbestsanierung erfolgt war. Sie zog sich für alle Beteiligten, Mitarbeiter wie Nutzer, quälend lange hin, da sie gleichsam am lebendigen Leib vollzogen wurde. Den Besuchern zuliebe verzichtete man während der Entgiftung dankenswerterweise auf eine Schließung. Die Tatsache, dass der gerade mal vierzigjährige Bau über kurz oder lang für jegliche Nutzung völlig gesperrt werden würde, hing also wie ein Damoklesschwert über dem Gebäude. Eine Aktion wie die beschriebene war sowieso irgendwann zu erwarten. Nur der Alarm kam dann doch sehr überraschend und löste leichte Panik aus.

Da die Grundsanierung von Haus 2 seit längerem feststand, musste man sich frühzeitig um ein anderes Quartier bemühen. Was lag bei einer Staatsbibliothek in zwei Häusern näher, als nach dem Alarm das Haus 1 Unter den Linden aufzusuchen. Schon bald, nachdem dessen neuer Lesesaal für das Publikum geöffnet wurde, testete ich ihn, war aber so wenig von ihm angetan, dass sich meine Besuche Unter den Linden auf das Nötigste beschränkten. Nur wenn ein Buch nicht in Haus 2 zu haben war, fuhr ich ins Haus 1, las es dort und war nach Beendigung der Lektüre schnell wieder am Kulturforum zurück. Da es meist Bücher aus dem Freihandbereich waren, musste ich nie den Umweg über die Buchausgabe nehmen, lernte folglich auch das Personal des Hauses 1 nie kennen.

Nun ist es ja so, dass erst die Mitarbeiterinnen und Mitarbeiter einem eine Bibliothek sympathisch machen. Im Fall von Haus 2 waren mir einige von ihnen über die Jahre fast ans Herz gewachsen. Da ich dort außerdem mit dem Schriftsteller Martin Mosebach verwechselt wurde, bewegte ich mich in dem Gebäude wie eine wichtig gewordene Person, die – leider nur zum Schein – über ihr bescheidenes Autorendasein mächtig hinauswuchs. Nimmt man die majestätische Saalflucht des Architekten Hans Scharoun hinzu, die einem das in den zwei ersten Bänden dieser Memoiren beschriebene Bücher-Paradies Tag für Tag aufs Neue vor Augen führte, so ist es kein Wunder, dass ich dieses Haus eigentlich nie verlassen wollte. Nach dem Alarm blieb mir aber gar nichts anderes übrig, als mich ins Haus 1 zu begeben. Dessen Buchausgabe mied ich nach wie vor.

Als auf den ersten Alarm jedoch wenige Tage später ein zweiter und, wenn ich mich recht erinnere, ein dritter folgte und ich jedes Mal gezwungen war, Haus 1 aufzusuchen, dachte ich mir, so zur Gewohnheit geworden, werde es nun langsam Zeit, auch einmal die dort tätigen Mitarbeiterinnen und Mitarbeiter kennenzulernen. Und siehe da: Ich fand mich freundlich bedient – so freundlich, dass ich mich kurz darauf entschloss, das Haus nicht nur der Not gehorchend zu besuchen, also nicht nur, wenn der Alarm am Kulturforum mich dazu zwang, sondern regelmäßig. Seitdem bin ich die erste Hälfte der Woche in dem einen, die zweite in dem anderen Haus.

Diesen Entschluss habe ich bis heute nicht bereut. Um so weniger, als er mich unversehens auf die Idee brachte, eine Führungskultur für beide Häuser zu entwerfen. Es sind ja Schwestern. Dazu beizutragen, sie beide zu verschwistern: Nichts lag für mich nun näher als das.

Doch die Idee ist immer nur das eine, die Verwirklichung das andere. Ihr steht, so fürchte ich, so gut wie alles entgegen.

***

Wenn ich es bisher auch nicht bereute, die Woche hälftig auf beide Häuser zu verteilen, so blieb für mich Haus 2 am Kulturforum doch nach wie vor das von mir bevorzugte Gebäude. Obwohl es das Haus 2 ist, also beträchtlich jünger als das Mutterhaus in Berlin-Mitte, ist es für mich eigentlich Haus 1. Nicht, dass ich das in 1 tätige Personal, von dem so viel für das Wohlbefinden einer Bibliothek abhängt, weniger sympathisch fände, doch ans Herz wächst einem jemand erst nach längerer Zeit. Haus 2 besuche ich regelmäßig seit 1981, allerdings mit einer berufsbedingten Unterbrechung von anderthalb Jahrzehnten. Nach der Unterbrechung sind es aber auch schon wieder mehr als zehn Jahre, die ich dort verbringe. Es ist mein zweites Zuhause. Haus 1 besuche ich dagegen erst seit ein paar Monaten. Nach wieder zehn Jahren sollten möglichst beide mir ans Herz gewachsen sein. Das ist der, zugegeben sehr private, Grund hinter dem Entschluss, beide Häuser einer kulturellen Kur zu unterziehen, sei es auch nur in meiner Fantasie.

Wo es nun schon mal etwas privater zugeht – aber es sind ja Memoiren, wenn auch nicht die meinen –, muss ich etwas anfügen, was die Schwierigkeit des Verhältnisses zwischen der Idee einer Führungskultur und ihrer Verwirklichung verständlicher macht. Bevor der erste Alarm meine Gewohnheiten veränderte, verließ ich täglich gegen 11 Uhr das Haus 2, um am nahen Potsdamer Platz eine Zeitung zu holen und sie anschließend im dortigen McDonald's-Restaurant*) bei Kaffee und Hamburger zu lesen.

Diese Gewohnheit habe ich nach dem Wechsel ins Haus 1 bis heute beibehalten. Ich verlasse also auch während der zweiten Wochenhälfte, die ich Unter den Linden verbringe, gegen 11 Uhr das Haus 1, fahre zum Potsdamer Platz, frühstücke, lese die Zeitung und mache danach, wie in der ersten Wochenhälfte, einen Besuch in Haus 2, aber jetzt nur kurz, um an der entsprechenden Theke wie immer die dort ausliegende überregionale Presse zu studieren.**) Deshalb ist mein täglicher Besuch in Haus 2 nicht vorgeschoben, jedenfalls nicht wirklich. Was mir jedoch weit mehr am Herzen liegt als die Presselektüre, ist, die Mitarbeiterinnen und Mitarbeiter des Hauses nicht missen zu müssen. Eigentlich fahre ich Donnerstags bis Samstags nur deshalb weiterhin in das Haus 2, um kurz die vertrauten Gesichter zu sehen und die Leute zu begrüßen, die mir so sehr ans Herz gewachsen sind. ***)

Daran, diese Gewohnheit unter den veränderten Bedingungen beizubehalten, dürfte erst einmal nichts auszusetzen sein, höchstens, dass sie meine sentimentale Seite vielleicht zu deutlich durchblicken lässt. Weshalb diese Gewohnheit aber mitten in die Schwierigkeiten führte, die der Verwirklichung meines Kulturprojekts entgegenstehen, sollte sich sehr bald an der Ausleihstelle des Hauses zeigen.

Da ich aus der Tatsache, mein Projekt zu verfolgen, kein Hehl machte und die einzelnen Mitarbeiterinnen und Mitarbeiter dazu offen befragte, wurde ich schneller als mir lieb war Zeuge einer ausgesprochenen Reserviertheit. Das gleiche passierte mir auch in Haus 1, da ich das Personal an beiden Standorten befragte. So gut wie keiner konnte etwa meinem Gedanken eines regen Personalaustausches zwischen beiden Häusern etwas Positives abgewinnen. Im Haus Unter den Linden nahm ich das, auch wenn ich keineswegs erbaut war, irgendwie als vorgegeben hin, sicherlich, weil dort noch nicht so sehr viel Herzblut von mir mit im Spiel war.

Dagegen enttäuschte mich die Situation am Kulturforum umso mehr. Ich meinte, immer dann eine gewisse Missgunst wahrzunehmen, wenn ich mich nach der Stippvisite mehr oder weniger arglos ins andere Haus verabschiedete. Sehr bald gewann ich den Eindruck, es werde nicht unbedingt gerne gesehen, permanent Haus 2 so früh zu verlassen und die Seite zu wechseln. Als das muss man es bezeichnen, als Seitenwechsel, durchaus auch im politischen Sinn. Anfangs geschah freilich alles mehr im Scherz, dann wurde Frotzelei daraus, aber einmal kippte, was Scherz und Frotzelei gewesen war, so sehr ins Gegenteil, dass ich fast glaubte, ein Verbrechen zu begehen.

Aufgrund dieses Vorfalls wollte ich zunächst das ganze Projekt an den Nagel hängen. Nach einer Weile jedoch ließ die Enttäuschung nach. Da ich mich seit langem mit ganzer Seele dem ästhetischen Ambiente von Firmen und Institutionen verschrieben habe, glaubte ich, nicht so einfach aufgeben zu dürfen. Wenn sich auch sonst niemand für mein Projekt interessierte – von liebenswerten Ausnahmen mal abgesehen –, dann musste ich eben versuchen, es ganz allein voranzubringen.

*) Das McDonald's – mit seinem ausgesucht liebenswürdigen Personal – schließt Ende 2019 und zwingt mich, eine inzwischen liebgewordene Gewohnheit aufzugeben.

**) Nach der Neueröffnung des Hauses Unter den Linden im Mai 2020 (geplant) wird dort ein Extraraum für die Zeitungslektüre zur Verfügung stehen.

***) Inzwischen ist Haus 1 geschlossen (seit 1. November 2019), sodass sich das Pendeln zwischen 1 und 2 erübrigt hat.

WELTSTADT IM WINKEL
Isolierte Teams

Die Aufgabe, die sich mir stellte, schien eigentlich auf der Hand zu liegen. Sie lautete: Wie lassen sich zwei Häuser unter einer Führung so verbinden, dass man beim Wechsel von dem einem in das andere den gleichen Geist verspürt.

Auf der Hand lag aber überhaupt nichts. Bei meinen diversen Interviews wurde ich gleich eines Besseren belehrt. Eine Mitarbeiterin Unter den Linden sagte rundheraus, dieses Ziel sei nur zu erreichen, wenn alle bibliothekarischen Funktionen unter einem einzigen Dach versammelt würden. Da es aber nun einmal die beiden Häuser gäbe, sei es völlig illusorisch, ein solches Ziel anzuvisieren. Klarer ließ sich die Unmöglichkeit, meine Idee zu verwirklichen, nicht formulieren.

In dem knappen Statementder Mitarbeiterin kam noch etwas anderes zum Ausdruck. Auf meine Frage, warum sie keine Lust habe, ihren Dienst, wenn auch nur einmal vorübergehend, am Kulturforum zu leisten, antwortete sie kurz und bündig, es sei nicht ihre Heimat. Ihre Heimat sei hier, im Haus 1. Ob sie hinzufügte: „Und das ist auch gut so", kann ich nicht beschwören, aber es hörte sich für mich so an. Ein versteckter Stolz schwang in ihrer Antwort mit. Muss nicht jede Führung über Bekenntnisse dieser Art frohlocken? Bessere Mitarbeiter kann man sich kaum vorstellen.

Ein Heimatgefühl dieser Art habe ich am Kulturforum bisher nicht feststellen können, aber vielleicht war ich dafür auch bisher nicht einfühlsam genug. Ein gewisser Stolz auf das Haus war jedoch auch dort herauszuhören, allerdings galt er wohl mehr dem kolossalen Gebäude, das Hans Scharoun 1978 in Sichtweite des Potsdamer Platzes errichtet hatte. Ein

Stolz, wie er sich im Haus Unter den Linden vernehmen ließ, konnte sich dort, hart an der früheren Mauer, die die Stadt so lange geteilt hatte, nicht entwickeln. Dazu fehlte der historische Hintergrund. Scharouns Bücherschiff ist ein moderner Nachkriegsbau. Er kann dem noch vor Beginn des Ersten Weltkriegs eingeweihten Haus Unter den Linden zwar bauästhetisch, an geschichtlicher Bedeutung aber kaum das Wasser reichen.

Den Nutzern der Staatsbibliothek ist die Tatsache längst geläufig, dass sich die Bibliotheksführung nach der Wiedervereinigung auf einen Schnitt zwischen beiden Häusern einigte: Alle Veröffentlichungen *vor* 1955 werden seitdem in Haus 1 versammelt, die *nach* 1955 in Haus 2. Aus diesem Schnitt folgt der unterschiedliche Nimbus, den die Häuser haben: Unter den Linden befindet sich demnach die historische Bibliothek, die vorwiegend der Forschung gewidmet ist, während der Scharoun-Bau als moderne Bibliothek für Information firmiert. Historizität steht gegen Modernität. Es ist daher nur zu verständlich, dass man sich in dem vom Hauch der Geschichte umwaberten Haus Unter den Linden dünkt, etwas besseres zu sein. Am Kulturforum hat man sich dagegen mit dem Gütesiegel purer Informationsfunktionen zu begnügen. Der Unterschied färbt natürlich auf das Befinden an Ort und Stelle ab. Manche Besucher, die beide Häuser frequentieren, meinen sogar, nicht nur die Mitarbeiter, sondern selbst die Nutzer von Haus 1 fühlten sich denen von Haus 2 überlegen. Sie sähen sogar auf sie herab.

Die Überlegungen, die ich auf den nach der Wiedervereinigung der Bibliothek erfolgten Schnitt zwischen den Beständen vor 1955 bzw. danach zurückführte, waren nicht lange aufrechtzuerhalten. Im Verlauf meiner Befragungen stieß ich auf eine Dame, die mir freimütig erklärte, die Sache mit dem Dünkel von Haus 1 sei schon vor der Wende so gewesen. Und zwar hatte sie sich auf der Suche nach einer neuen Anstellung bereits vor 1989 mit Erfolg im Haus Unter den Linden beworben, ihm aber nach 1989 baldmöglichst den Rücken gekehrt, um ins Haus am Kulturforum zu wechseln. Als Grund für die rasche Neuorientierung gab sie an, ihr habe der Glaube in 1, etwas Besseres zu sein, nicht behagt. In Haus 2 fühlte sie sich entsprechend freier.

14

Ein kurzer Blick in die Geschichte des Mutterhauses seit Beginn des vergangenen Jahrhunderts belehrt einen über die Herkunft dieser Besonderheit. Als Königliche Bibliothek bis 1918 wie auch als Preußische Staatsbibliothek danach entsprach sie vornehmlich der Konzeption einer Wissenschafts- und Forschungsanstalt. Das ist sie auch während der Zeit der DDR im Wesentlichen geblieben. Daher braucht einen der besondere Stolz auf diese Stätte der Kultur auch gar nicht zu verwundern. Der hält sich, und er soll sich, wieso nicht? auch weiter halten dürfen. Wäre damit nur nicht der Dünkel verbunden und, wer weiß? dieses heimliche Herabsehen auf die Schwester im Westen.

***

Heimatgefühle sollte man nicht verletzen, jedenfalls nicht, wenn sie arglos daherkommen. Sobald sie jedoch mit dem Bewusstsein einer Vorzugsstellung verbunden sind, sobald sie gewissermaßen vor sich hin dünkeln, sind sie mit Vorsicht zu genießen. Das dachte ich, als ich die Rede davon an der Buchausgabe von Haus 1 zum ersten Mal vernommen hatte. Und wenn das Gefühl dann noch zur Stütze einer unflexiblen Haltung dient, scheint jede Veränderung der Situation nicht einmal ansatzweise möglich.

Wahrscheinlich gehe ich zu naiv, zu tagträumerisch an diese Problematik heran, wenn ich mir vorstelle, Heimatgefühle könnten schon in der freudigen Reaktion auf ein Lächeln entstehen, das einem jemand anders entgegenbringt. Wenigstens würde ich der betreffenden Person nur zu gerne sagen, ihre Heimat könne sie ebenso gut auch in dem anderen, von ihr bisher gemiedenen Haus antreffen. Einem freundlichen Gesicht begegnet man dort durchaus nicht selten. Doch bis heute wagte ich es nicht, ihr gegenüber diesen gangbaren Ausweg zu erwähnen.

Wenn es so einfach wäre! Am Kulturforum bekam ich etwas anderes zu hören. Von Heimatgefühlen war in Haus 2 zwar nicht die Rede – hier stellte man immer den freieren Umgang miteinander besonders lobend heraus –, dafür bemerkte eine

Mitarbeiterin der Ausleihe, die zwei Häuser stelle man sich am besten wie zwei Dörfer vor. Jedes wolle besser oder schöner als das andere sein. Das leuchtete mir unmittelbar ein. In Haus 2 ging es im Grunde ähnlich zu. Ein gewisser Hochmut gegenüber dem Haus Unter den Linden war kaum zu verkennen, gerade in politischer Hinsicht – man betonte schließlich das größere Freiheitsgefühl. Darin ähnelten sich die Häuser auf beiden Seiten – ein Punkt, den ich hier absichtlich nicht weiter behandele, um die Gräben zwischen Ost und West nicht zu vertiefen. Die Teilung der Stadt spielt selbst nach dreißig Jahren eine immer noch – oder wieder – erhebliche Rolle. Sie scheint sogar intensiver denn je gespürt zu werden. Mein Entwurf einer Führungskultur für beide Häuser will jedoch versöhnen, nicht spalten. Statt versöhnen hieße es besser verschwistern. Verschwistern ist für Schwesterhäuser wohl das treffendere Wort.

Die Bemerkung von den zwei Dörfern ist schon deshalb schlagend, weil sie so gut zu Berlin passt, das ursprünglich aus zwanzig Dörfern bestand. Bekanntlich sind sie erst vor hundert Jahren zu Groß-Berlin zusammengelegt worden, aber was sind hundert Jahre! Anderswo wären sie vielleicht ausreichend, hier aber frönt man nach wie vor dem für sich genommen herzigen Klein-Klein des eigenen Kiezes, der noch mal eine Miniaturausgabe des Dorfes ist: Krähwinkel einer Weltstadt, die wie ein Zuckerguss darüberliegt.*)

Seitdem mir das Beispiel der zwei Dörfer durch den Kopf geht, sehe ich die Belegschaften der beiden Häuser, speziell die an den Buchausgaben, als zwei konkurrierende Kieze an. Wenn nicht gerade von leichter Herablassung gegenüber der anderen Seite die Rede war, kamen beide auf ihr jeweiliges Team zu sprechen. Team war jedes zweite Wort. Das wollte man und will man nicht verlassen, weil es einem so viel bedeutet. Aus der Sicht einer gemeinsamen Führungskultur wäre das nicht zu beanstanden, wenn, ja wenn die beiden Teams nur zueinander fänden und sich in beiden Häusern zuhause fühlten. Tun sie aber nicht.

Im Ausland wird die Staatsbibliothek wegen ihres Namenszusatzes *zu Berlin* teilweise als *Bibliothek der Stadt Berlin* missdeutet. Als einfache Stadtbibliothek. Wäre sie das, dürfte man nicht so kritisch sein. Eine *Berliner Stadtbibliothek* kann sich die Kiez-Atmosphäre in ihren Mauern leisten, zumindest fände man es nicht von außen allzu anstößig. Die *Staatsbibliothek zu Berlin* dagegen kann es sich *nicht* leisten, ohne gehörig an Ansehen zu verlieren. Sie sollte dann besser in *Bibliothek zu Berlin-Tiergarten* bzw. zu *Berlin-Mitte* umbenannt werden.

Wer nun annehmen wollte, die beiden Teams seien für diese Situation verantwortlich, der dürfte sich empfindlich täuschen. Wo eine solche Lage entsteht, ist stets eine höhere Ebene im Spiel. In solchen Fällen fehlt es an Führung.

*) Alles nicht neu. In der Herbstausgabe des Bibliotheksmagazins (3/2019, S. 30-36) wird aus den in Haus 2 verwahrten Briefen Theodor Fontanes zitiert. Es heißt da, er habe in Berlin geistige Urbanität gesucht, aber allein märkische Armseligkeit und Berliner Kleingeist gefunden. (S. 34) Ob sich die beiden Teams nicht wenigstens im Fontanejahr einen Stoß geben könnten?

II. DIE DIRETTRICE: 2. FOLGE

VERPASSTE CHANCE
Ein Buch ohne Wirkung

Im vorausgegangenen Band 2 dieser Memoiren, der den Untertitel *Eine Bibliothek im Zwielicht* trägt, hatte ich der Generaldirektorin der beiden Häuser ziemlich unverblümt den Rücktritt nahegelegt. Mein Argument lässt sich in dem Satz zusammenfassen: Wer nicht grüßen kann, hat in einer führenden Position nichts verloren. Mir wurde ihre Grußlosigkeit seitens der Mitarbeiterinnen und Mitarbeiter zugetragen. Allerdings war dieses Manko nur von Personen der unteren Abteilungen zu beklagen, Abteilungen zudem, denen sie nie einen Besuch abstattete, deren Personal sie folglich auch nicht kennen konnte. Mit den oberen hatte ich keinen Kontakt. Für einen normalen Nutzer wie mich waren und sind nur die unteren wichtig.

Meine damaligen Befragungen bezogen sich in der Regel auf das Haus 2 am Kulturforum. Haus 1 kannte ich da noch kaum. Nachdem ich nun seit dem Alarm auch das Haus in Berlin-Mitte besuche, habe ich dort die gleichen Klagen zu hören bekommen. Es hat sich also offenbar nichts, aber auch gar nichts geändert. Pardon, ich übertreibe: ein, zwei Mitarbeiterinnen traf ich nach längerer Recherche an, die einen Gruß von ihr erhascht zu haben glaubten. Insgesamt aber musste ich mir den Misserfolg meines Bemühens eingestehen. Der Vertrag der Direttrice wurde unterdessen sogar um ein Jahr verlängert, manche meinen sogar, um zwei. Zudem wurde sie zur Vorstandvorsitzenden der *Stiftung Preußische Schlösser und Gärten* gekürt. Sie fällt die Treppen hinauf statt herunter. Ein wirkungsloseres Buch als *Eine Bibliothek im Zwielicht* ist kaum vorstellbar. In dem zwielichtigen Stil weiter fortzufahren, verbietet sich deshalb von selbst. Dagegen ist eine Umkehr dringend geboten:

Wer so erfolglos ist, der sollte mit sich zu Rate gehen und statt andere zu kritisieren, eher bei sich selber anfangen.

Ein Freund, der den 2. Band gelesen hatte, fand schon früh die Direttrice ungerecht von mir behandelt. Wie sollte sie gegen Dantes zauberhafte Beatrice bestehen können, da sie als Generaldirektorin doch gleich zwei Häuser zu leiten hatte, wogegen Dantes Geliebte nichts anderes zu tun gehabt hätte als dem von ihr hingerissenen toskanischen Poeten in Florenz auf der Straße zu begegnen und ihm huldvoll ihren göttlichen Gruß zu entbieten. Bestand nicht Beatrices Tätigkeit sogar gänzlich in diesen Gängen, auf denen sie das Grüßen zu ihrer Haupttätigkeit machte und entsprechend kultivierte? Kein Wunder, dass die Leiterin der Staatsbibliothek dagegen abfiel. Der Freund bekam richtig Mitleid mit ihr. Eine schlimmere Kritik als diese konnte ich mir gar nicht ausmalen.

Weitere Punkte kommen erschwerend hinzu. Auf den Veranstaltungen der *Gesellschaft der Freunde der Staatsbibliothek*, die ich seit meinem Eintritt in diese illustre Sozietät oft und gerne besuche, macht die Generaldirektorin durchaus eine passable Figur. Sie redet verständlich, nie zu lang, auch immer zur Sache. Man wird gut von ihr informiert. Und – ganz wichtig – sie begrüßt vom Podium aus alle Anwesenden so freundlich wie korrekt. Mit einem Wort: Sie ist wie ausgewechselt.

In diesen Memoiren, die von meiner Verwechslung mit einem Frankfurter Schriftsteller erzählen wollen, darf ich die Ausgewechseltheit der Direttrice daher keinesfalls umgehen. Sie gehört unbedingt zum Thema. Im Unterschied zu mir hat sie es jedoch offenbar nicht nötig, mit einer anderen Person verwechselt zu werden, um ein wechselndes Wesen anzunehmen. Sie wechselt ihr Verhalten vielmehr je nach Ort und Lage. Das erklärt wohl auch, dass sie in den oberen Rängen der Bibliothek wenig oder gar nicht kritisiert zu werden scheint. Da oben, wenn ich so sagen darf, ist sie offensichtlich eine andere, eine, deren Führungsfähigkeiten man erkennt und anerkennt.

Das Verhalten der Generaldirektorin lässt allerdings auf ein inzwischen veraltetes Modell operativer Leitung schließen. Operiert wird nur in den oberen Etagen einer Institution oder eines Unternehmens, die unteren werden dem mittleren Management angedient, schlimmstenfalls aber ganz sich selbst überlassen. Eine Weile funktioniert das sicher gut, doch je mehr sich modernere Organisationsformen durchsetzen, desto mehr geraten die veralteten ins Hintertreffen. Die Führenden müssen es über längere Strecken nicht einmal merken, vor allem dann nicht, wenn sie sich durch keine Konkurrenz bedroht sehen.

Mein Entwurf für eine Führungskultur der Häuser 1 und 2 ist ein Versuch der Modernisierung. Er soll helfen, die Staatsbibliothek gegenüber möglichen Konkurrenten besser aufzustellen. Außerdem hätte sie es verdient, mehr Glamour zu entfalten.

***

Die Idee dazu kam mir, wie gesagt, als ich nach dem Alarm am Kulturforum das Haus Unter den Linden öfter aufsuchte und auch dann nicht gleich, sondern erst nach einer Eingewöhnungsphase. Ich hatte mich gerade etwas akklimatisiert, da wurde ich Zeuge eines typischen Vorfalls. Bisher berichtete man mir immer nur davon, nun konnte ich mich an Ort und Stelle vergewissern. Die Generaldirektorin begleitete gerade eine Person durch das Haus, da wollte es der Zufall, dass ich hinter ihnen herging, und zwar auf der Treppe, die vom neuen Lesesaal erst in die Lounge mit der Bücherausgabe, dann in den unteren Aufenthaltsbereich führt.*) Genaugenommen befand ich mich schon hinter ihnen, als sie noch den Lesesaal passierten.

Wie gut, dass man hinten keine Augen hat! Da die beiden ins Gespräch vertieft waren und ich mich so leise verhielt, wie schon lange nicht mehr, bemerkten sie mich nicht. So konnte ich ihnen unauffällig folgen. Unten angekommen, galt es, das Drehkreuz zu durchqueren. Da, an der Sicherheitsschleuse, sitzt in der Regel jemand vom Personal des Subunternehmens *Guard*, erkenntlich an dem blau-weißen Ensemble, das er trägt. Diese Personen sind, wie aus Band 2 bekannt, durchweg besser gekleidet als die hauseigenen Mitarbeiterinnen und Mitarbeiter, die ihrem eigenen Geschmack genügen und deshalb als Hauspersonal nicht deutlich in Erscheinung treten. Wenn also die zwei Damen jemand hätten grüßen können, dann die Person, die an dem Drehkreuz saß, um die Passierenden zu kontrollieren.

Es kam, wie es kommen musste. Die beiden zwängten sich fast gemeinsam durch die Passierstelle, unterbrachen mitnichten ihr Gespräch, achteten natürlich auf niemanden, schauten nicht nach links, schon gar nicht nach rechts zur Kontrollperson, sondern strebten ungerührt dem Ausgang zu. Ähnliche Szenen wie diese mussten sich Jahre zuvor immer wieder abgespielt und die damals zur Kontrolle eingesetzten Personen dazu gebracht haben, der Direktorin ebenfalls den Gruß zu verweigern – aus Protest! – ein Vorfall, den ich bei dem für mich denkwürdigen ersten offiziellen Gespräch mit ihr zum Anlass nahm, ihr gegenüber offen von mangelnder Führungsfähigkeit zu sprechen.

Alles das möchte ich in diesem Bändchen gar nicht wieder aufrollen, nur noch einmal zu bedenken geben, dass auch die unteren Mitarbeiter-Ränge des Grüßens seitens der Leitung für wert gehalten werden sollten, wobei sich im Fall der Staatsbibliothek die unteren Ränge bis hinauf zu den mittleren erstrekken können, sogar darüber hinaus. Und das ist allerhand. Als ich nämlich nach diesem Vorfall die Mitarbeiterin des Lesesaals, die ihren Dienst oben an der Informationstheke versah, danach fragte, ob denn wenigstens *sie* als Höhergestellte von der Generalissima gegrüßt worden sei, bekam ich eine bewegende Antwort. Nein, sie sei einfach so vorbeigegangen. Ich übertreibe nicht, wenn ich den Zustand dieser Bibliothekarin als fassungslos bezeichne. Das geht selbst nach dem veralteten Führungsmodell zu weit. Aber Schwamm drüber.

Nach diesem Vorfall wurde mir klar, dass mein Ansatz in den Bänden eins und zwei, die nur das Haus am Kulturforum im Blick hatten, zu kurz griff und ich ein Gesamtkonzept entwickeln musste. Band 2.1 soll deshalb in einen Entwurf für beide Häuser münden, in eine Führungskultur aus einer Hand. Ich weiß, dass der Entwurf keinen Hund hinter dem Ofen hervorlocken und niemanden groß interessieren wird, weil ihn nahezu alle, die es angehen könnte, für überflüssig, ja sogar für sinnlos halten. Trotzdem sei der Versuch gewagt. Wer weiß, ob sich nicht die Führungsfigur, die der Direttrice folgt, dieser Sache annimmt und wenigstens den einen oder anderen Aspekt in ihre Überlegungen einbezieht – nach Art der neuen Besen, die gut kehren.

Selbst um dieses Minimalziel zu erreichen, bedarf es allerdings einer gewissen Vorsorge. Vorsorge ist vielleicht das falsche Wort. Gefahrenabwehr wäre das passendere. Szenenwechsel: Wir befinden uns wieder auf Scharouns kolossalem Kreuzfahrtschiff. Es geht darum, bestimmte Klippen zu umschiffen, auch im inneren Gefüge, zwischen den einzelnen Decks. Mir fehlt noch die intime Kenntnis, wie man an den Spanten vorbeikommt, um der Direktorin die Wege abzuschneiden. Man kann nicht sagen, da sei Sand im Getriebe, dem auszuweichen wäre, es ist vielmehr, um dem Bild die Treue zu halten, Wasser, das an Stellen eindringt, wo es gar nicht hingehört. Doch all mein Bemühen wird vermutlich wenig nützen. Zu sehr kommt mir eine altbewährte weibliche Tugend in die Quere.

---

*) Ich beschreibe hier die Situation, wie sie bis zum 31. Oktober 2019 bestand, als der Zugang zum Lesesaal noch über die Dorotheenstraße 27 erfolgte. Zur Neueröffnung im Mai 2020 betritt man ihn wieder wie früher von Unter den Linden 8 aus.

EISKALTER COUP
Von weiblicher List

Der 2. Band der *Memoiren eines Doppelgängers* fand erst spät, wenn nicht zu spät sein – sicher überschaubares – Publikum. Das lag an seinem Untertitel *Eine Bibliothek im Zwielicht*. Der Obertitel *Himmlischer Glanz* blieb zwar derselbe und soll, so der Plan, alle weiteren Bände zieren. Aber er half mir nicht aus der Patsche, in die ich geraten war. Doch der Reihe nach.

Auf einem der immer interessanten Abende, die der *Verein der Freunde der Staatsbibliothek* veranstaltete, ging es um den Erwerb eines Autografen von Johann Sebastian Bach. Die Generaldirektorin und der Vereinsvorsitzende, André Schmitz, schwärmten zu Recht von diesem Erfolg. Es handelte sich um die Originalhandschrift einer Kantate. War es *Ach Gott, vom Himmel sieh darein* oder wurde sie bereits früher erworben? Ich kann es nicht beschwören. Auf jeden Fall war Gott im Titel mit von der Partie, da kann man bei Bach ja schwerlich falsch liegen. Und weil das so war, meldete ich mich beim Tagesordnungspunkt *Verschiedenes* zu Wort.

Wohl wissend, dass an dem Abend der Erwerb der Kantate gefeiert werden würde, hatte ich zwei Exemplare meines zweiten Bands, der gerade im Druck erschienen war, mitgenommen, in der Absicht, beiden, der Generalissima und dem Vereinsvorsitzenden, öffentlich je eins zu überreichen. Vor der Übergabe begründete ich kurz, weshalb. Ich sagte, der Obertitel *Himmlischer Glanz* passe doch geradezu zum herrlichen Gegenstand der Bach-Kantate, während der Untertitel *Eine Bibliothek im Zwielicht*, gewiss zu aller Überraschung, die halb-sakrale Bedeutung der Staatsbibliothek hervorhebe: Jene kreisrunden Leuchten an der Decke des Lesesaals seien von Scharoun der

Decke von Filippo Brunelleschis wunderbarem Dom, dem *Santo Spirito di Firenze,* nachempfunden. Zur Feier des Tages und zu Ehren Bachs erlaubte ich mir, beiden dieses Buch zu schenken, ging nach vorn und überreichte es ihnen.

Vom Publikum wurde der Akt, denke ich, mit Wohlwollen aufgenommen. Ob auch von den Beschenkten, wage ich zu bezweifeln. André Schmitz war, wie mir schien, etwas verwundert, wies das Buch aber nicht zurück, bei der Direttrice schien die Skepsis zu überwiegen, doch sie behielt es ebenso. Vielleicht schwante ihr, die schon vom ersten Band nicht begeistert war, der zweite werde das Zwielichtige der Bibliothek nur zum Teil auf die schummernden sakralen Leuchten beziehen. Der Verleger des ersten Bands hatte ihn ihr mit der Bitte um eine öffentliche Lesung in der Staatsbibliothek extra ins Haus 2 geschickt. Seine Bitte wurde von ihr natürlich abschlägig beschieden, die Schenkung mit Schweigen quittiert.

Diesen Vorlauf muss man kennen, um das Folgende richtig goutieren zu können. Die Staatsbibliothek hat die schöne Gewohnheit, das Buch eines Autors dann von sich aus zu bestellen, wenn es zu einer ganzen Reihe gehört. Es bekommt dafür eine Serien-Nummer. Da sich Band 1 schon im Katalog befand, war es also für jede Nutzerin und jeden Nutzer ausleihbar. Als Band 2 erschien und ein Leser ihn als Neuerwerb bestellen wollte, bedeutete man ihm seitens der Erwerbsabteilung, man habe schon in seinem Sinne gehandelt. Darüber freute ich mich als Autor natürlich sehr, ebenfalls darüber, dass der 2. Band, nachdem er die Erwerbsstationen durchlaufen hatte, endlich eine Standnummer bekam – die gleiche wie Band 1, da es sich eben um eine Reihe handelte. Ich freute mich noch mehr, als ich bemerkte, dass es schon ausgeliehen wurde, ja, dass es in kurzer Zeit dafür zwei bis drei Vormerkungen gab. So etwas hatte ich vorher noch nicht erlebt. Doch meine Freude währte nur kurz.

Nun folgt das, was ich als List der Generaldirektorin bezeichne, mehr noch: als weibliche List. Kaum wurde das Buch entliehen, forderte sie hinter den Kulissen die entsprechenden Dienstkräfte auf, es so schnell wie möglich dem normalen Leihverkehr zu entziehen, damit sie es in ihre Diensthandbibliothek

(DHB) übernehmen könne. Von meinen Gewährsleuten erfuhr ich, dass es ihr nicht schnell genug gehen konnte. Sie muss die Kräfte im Bibliotheksapparat richtig angestachelt haben. Mit Erfolg. Die Vormerkungen besaßen ab sofort keine Geltung mehr. Der kleine Hype um diesen Band war im Nu vorbei. Es dauerte Monate, bis ein weiteres Exemplar, das ich der Staatsbibliothek schenkte, im Ausleihkatalog erschien und für alle Leser greifbar wurde. Unterdessen war das Interesse daran erlahmt. Die Generaldirektorin hatte ganze Arbeit geleistet.

Damals zeigte ich mich ziemlich erbost über diese List und Tücke. Heute muss ich gestehen, dass ich die Direttrice für diesen Coup, der aus der Kälte kam, irgendwie bewundere, zumal alles mit rechten Dingen zuging und nach wie vor jedermann das Buch bei ihr persönlich ausleihen kann. Man darf allerdings nur im Lesesaal Unter den Linden darin blättern, nur im *Mutterhaus*, quasi unter der persönlichen Aufsicht dieser trickreichen *mater captiosa* – ich schlug extra im lateinischen Lexikon nach, um dem deutschen Ausdruck „listige Mutter" eine Färbung zu geben, die der Generalissima eine parareligiöse römische Note verleiht. *Mater prudentis* wäre auch eine mögliche Übersetzung, aber da liegt das Gewicht mehr auf der Klugheit, bei *mater captiosa* dagegen mehr auf dem Moment des Kaperns, falls ich etymologisch richtig liege. Sie kassierte das Buch ja förmlich, sie entriss es dem normalen Leihverkehr.

***

Man kann die Geschichte natürlich auch ganz anders deuten. Diese kluge Direktorin – hatte sie nicht längst ein Exemplar des 2. Bands von mir geschenkt bekommen? Ja, das hatte sie. Und nun wollte sie unbedingt noch ein weiteres im Haus Unter den Linden zu stehen haben – ganz dicht bei sich. So viel liebendes Interesse, und das an einem Buch von mir!

„Ganz bei sich Unter den Linden" heißt: In ihrem neuen Büro, dem Roten Salon, der perfekt wiederhergerichtet wurde und in dem bereits ihr großer Vorgänger, der Theologe Adolf von Harnack, residierte. In einem Raum mit dieser Vergangenheit muss man sich als etwas ganz Besonderes vorkommen. Kein Vergleich zu dem Büro in den oberen Gängen von Haus 2, das auch nicht gerade ärmlich ausgestattet ist. Aber es fehlt dort, mittschiffs sozusagen, die historische Patina. In den Niederungen des Schiffsrumpfs, im Foyer am Kulturforum, da wo Garderobe und Drehkreuz ihren Platz haben, geht es daher auch viel gewöhnlicher zu. Da hörte ich, als ich vom Schicksal meines Buches sprach, eine Diensthabende mit einer gewissen Verwunderung über diese mütterlich übertriebene Fürsorge die Worte murmeln, die Direktorin hätte die Anwendung solcher List wohl nötig (genauer: ›dass sie das nötig hat!‹). Ihr kaptioser Akt hatte ja etwas vom Ruch einer Beschlagnahme.

In einem der oben schon zitierten Hefte des von beiden Häusern und der *Bayerischen Staatsbibliothek* herausgegebenen Magazins veröffentlichte ein Adlatus der Captiosa, Martin Hollender, einen Text, der mich – sicher zu Unrecht – an meinen Fall erinnerte (Heft 1/2019, S. 39-45). Unter dem Titel *Auf dem Weg zur Demokratie* stellt der Autor die Strecke dar, die vor hundert Jahren von der *Königlichen Bibliothek* zur *Preußischen Staatbibliothek* zurückzulegen war. Die Quintessenz des sehr instruktiven Artikels ist die, dass unter der direktorialen Ägide Adolf von Harnacks und der seines Nachfolgers, Fritz Milkau, nicht geringe Schwierigkeiten darin bestanden, die Geschäfte des neu getauften Hauses in eine republikanische Ära zu überführen. Die größte Schwierigkeit war der alte monarchische Geist, der noch in den Direktoren steckte, obwohl Kaiser Wilhelm II., zugleich König von Preußen, längst abgedankt hatte und in die Niederlande entkommen war.

Konkret bezieht sich Hollender auf eine Klage Kurt Tucholskys, der im März 1919 im *Berliner Tageblatt* die von ihm fälschlich für überwunden geglaubten Benutzungsbeschränkungen aus alter Zeit verdammte. Tucholsky wörtlich: ›*Die Preußische Staatsbibliothek unterfängt sich aber, nach eigenem Gutdünken auch heute noch Bücher zu unterdrücken, die ihrer alten Herrschaft nicht genehm waren. So sind politische Bücher, die im Kriege verboten waren, auch heute nicht erhältlich.*‹ Nach diesem Beginn heißt es im echten Tucholsky-Stil: ›*Die dumme*

Zopffrisur muß herunter. Es gibt heute in der Republik Deutsch-
land keine politischen Werke, die der Staatsbibliothek genehm
oder nicht genehm sind; sie hat in Bausch und Bogen auszuleihen
und sich jeden Urteils über die Werke zu enthalten.‹ Sein State-
ment gipfelt in dem Satz: ›*Und es ist ein vernichtendes Urteil,*
wenn man die Werke sperrt.‹

Ein Schelm, wer Böses dabei denkt. Wir leben nicht mehr in
solchen Zeiten. Nur, weil ich mich und meinen Fall bestimmt zu
wichtig nehme, fühle ich mich ein wenig an diese Zeit erinnert,
als ob die aufs Kapern spezialisierte Direktorin in ihren nun
so prächtig restaurierten Räumen zwar nicht spirituell, wohl
aber habituell bei ihren Vorgängern hausieren gehen wollte, da
die historischen Räumlichkeiten sie förmlich dazu einladen.
Sie wäre dann im Kern so etwas wie eine kleine Monarchin,
eine Wiedergängerin von Harnack, mit einem Hang zur Sperre
gewisser Werke, die ihr nicht genehm sind, seien sie in diesem
Fall auch nicht politisch im Sinne Tucholskys, sondern, da nur
die Bibliothek betreffend, haus- oder allenfalls kulturpolitisch.

Damit meine fantasierte Leserschaft nicht auf falsche
Gedanken kommt: Die Direttrice darf das. Sie darf ein ihr
nicht genehmes Büchlein wie den besagten 2. Band in ihre
Handbibliothek einstellen. Das ist, so weit ich weiß, auch allen
Abteilungsleitern oder –Leiterinnen erlaubt. Sogar, in gewisser Abwandlung, allen Mitarbeiterinnen und Mitarbeitern.
Sie können sich, wenn ich nicht irre, ein Extra-Bücherkonto
installieren lassen, um dienstlichen Belangen zu genügen. Mir,
als dem Geschädigten, kommt diese Vorkehrung allerdings wie
eine Art Prärogative vor, wie ein unseren Zeiten nicht gemäßes
Vorrecht. Damit liege ich bestimmt ganz falsch. Jemand wird
mich irgendwann schon davon überzeugen, dass ich einen Ver-
dacht hege, der alles andere als statthaft ist.

Alles längst verziehen. Wer heute als Frau in Führungspositionen gelangen will, muss sich im immer noch weitgehend
maskulin bestimmten Umfeld erst einmal zurechtfinden.
Weiblicher Charme ist da kaum hilfreich. Ohne eine gewisse
Gerissenheit wird keine vorankommen. Hat sie dann die Position erreicht, gilt es, sie zu festigen und zu halten, wie es der

Direttrice mittlerweile über einen Zeitraum von fünfzehn Jahren gelungen ist. In 2020 wird sie so lange Generaldirektorin gewesen sein wie Harnack. Das muss ihr erstmal jemand nachmachen.

Meine Kritik an ihr als Führungsfigur setzt denn auch einen anderen Schwerpunkt. Nicht mangelnder Charme, nicht fehlende feminine Anmut ist ihr vorzuwerfen – wo gäbe es die heute noch! –, aber eine Abart, eine verwandte Form davon: fehlende Demut. Wer keine Demut hat, dem fehlt ein entscheidendes Element, um bedeutende Institutionen zu leiten. Ausgerechnet ihr großer, monarchisch gesinnter Vorgänger schien diese Tugend zu besitzen.

III.
HARNACK ALS VORREITER

JOVIALER FÜHRUNGSSTIL
Überraschende Handreichungen

Am 22. März 1914, anlässlich der Einweihung des neuen Gebäudes Unter den Linden, das nun, mehr als ein Jahrhundert später, in modernisierter Gestalt vor uns steht, legte der seit 1905 amtierende Generaldirektor Wert auf folgende Mitteilung an seine Gäste: ›*Wir wollen und müssen alle unsere Benutzer zu Mitarbeitern und Freunden haben. Dankbar werden wir alle Vorschläge aus ihrer Mitte zur Verbesserung unseres Betriebes prüfen. Alle Forscher und Leser sind uns gleich willkommen. Hier gibt es wohl ein Ansehen des Buches, aber kein Ansehen der Person.*‹

Dieses Zitat ist dem Vortrag entnommen, den Friedhild Krause am 17. Mai 2001 vor dem Plenum der Leibniz-Sozietät gehalten hat. Man war zur Feier des 150. Geburtstags von Harnack zusammengekommen. Nach Lektüre des gesamten Vortrags hält man etwas den Atem an, da uns kein direktorial agierender Generalissimus entgegentritt, dafür ein alle Besucher der neuen Bibliothek bewillkommnender Hausherr. Die Tatsache, dass er darüber hinaus gewillt ist, ja sogar verlangt, die Benutzer als Mitarbeiter und Freunde anzusehen, kann heutige Hörer des Vortrags von Krause eigentlich nur in Entzücken versetzen.

Es soll unter Monarchisten manchmal größere Demokraten geben als unter Republikanern, von denen man es erwarten muss. Martin Hollenders Ohren werden Augen machen, wenn sie von dieser Rede hören. Man könnte auf den Gedanken kommen, die Aufgabe, Benutzer zu Mitarbeitern zu machen, fiele in sein Ressort, ist er doch der der Generaldirektorin zugeordnete Referent für Grundsatzangelegenheiten. Doch Scherz beiseite!

Die Zeiten haben sich geändert. So viel Harnacksche Nähe zu den Nutzerinnen und Nutzern wäre heute undenkbar. Und das aus guten Gründen.

Die Bibliothek, der Harnack vorstand, war eine reine Wissenschafts- und Forschungsstätte, also das, woran das Haus 1 heute wieder anknüpft. Mit Forschern und Wissenschaftlern ist ein intensiverer Umgang möglich als mit Besuchern wie mir, die ohne bestimmten Auftrag, nur zum Lesen und zum Schreiben erscheinen. Wie viele Nutzer die alte Bibliothek in Harnacks Tagen besuchten, weiß ich nicht, wahrscheinlich nicht so viele, wie sich heute auf beide Häuser verteilen. Die Anzahl seiner Mitarbeiter dagegen ist bekannt. Es waren im Jahr 1914, als er das neue Haus übernahm, 327. Das hat sich bis heute nicht einmal so sehr geändert, allerdings nur für Haus 1. Unter den Linden arbeiten ca. 350, dafür am Kulturforum noch mal etwas mehr. Insgesamt sind es 860, von der zunehmenden Zahl der Nutzerinnen und Nutzer mal ganz abgesehen. Bei solchen Dimensionen fällt es schwer, sich die Besucher zu Mitarbeitern oder gar zu Freunden zu machen. Harnack hatte es da ungleich leichter.

Allerdings war die Zeit, die er auf die Bibliotheksführung verwandte, sehr viel kürzer. Für die Direttissima captiosa ist es ein Full-time-Job, Harnack widmete sich indes nur in der Mittagszeit den Aufgaben der Bibliotheksführung. Von eineinhalb bis zwei Stunden sprach Friedhild Krause in ihrem Vortrag. Das fand damals so mancher nicht in Ordnung, wohl auch Wilhelm Erman nicht, der Direktor der Universitätsbibliothek in Bonn. Er beneidete Harnack um seinen Posten, den er selber zu gerne übernommen hätte.

Trotz seiner kurzen Anwesenheit florierte die Bibliothek unter Harnacks Leitung. Er konnte der Aufgabe beim besten Willen gar nicht mehr Zeit zur Verfügung stellen. Seine vielen Funktionen erlaubten es ihm einfach nicht. Immerhin war er ab 1911 Präsident der Kaiser-Wilhelm-Gesellschaft im Nebenamt, bis zu seinem Tod 1930, dann Gutachter des Preußischen Kultusministers, ganz abgesehen von seiner Haupttätigkeit als Professor für Kirchen- und Dogmengeschichte an der

Friedrich-Wilhelm-Universität. Er war nicht nur der Jahrhundert-Theologe, er war auch ein Wissenschaftsorganisator von Rang – ein genius berolinensis.

Was einen am meisten in Erstaunen versetzt, ist, dass er in den wenigen Mittagsstunden Unter den Linden noch die paar Minuten Zeit fand, die man der heutigen Direktorin von Herzen wünschen würde: ›*Er verlangte die Vorstellung jedes neuen Mitarbeiters bei ihm, um diesen kennenzulernen*‹, so wieder Friedhild Krause zu seinem 150. Geburtstag. Stark anzunehmen ist, dass er sie dann wohl auch alle gegrüßt haben wird.

***

Ich dürfe doch die gegenwärtige Generaldirektorin nicht mit einem Jahrhunderttheologen vergleichen – so könnte an dieser Stelle wiederum der Einwand des schon erwähnten Freundes lauten. Erst die göttliche Beatrice und nun der Gott zugewandte Harnack als Referenzen – das gehe wirklich zu weit.

So will ich denn meine Ansprüche etwas herunterschrauben, weiß ich doch auch zu wenig darüber, ob es Unter den Linden eine Garderobe und ein Drehkreuz gab und ob der Direktor die dort tätigen Bediensteten mit dem gleichen Entgegenkommen behandelte. Seine Devise ›*Auswählen, Verwalten, Dienen*‹, von ihm selber bei seinem Dienstantritt als Generaldirektor ausgegeben, hätte es ihm indes nahelegen können. Das war am 2. Oktober 1905. Doch nichts Genaues weiß man nicht. Verbürgt ist aber folgende Aufforderung an seine Mitarbeiter bei demselben Anlass: ›*Ergreifen Sie meine Hand*‹, sie werde dadurch nur fester mit der Bibliothek verbunden sein.

Man sollte sich stets große Persönlichkeiten zum Vorbild nehmen, dort die Florentinerin, hier den Berliner. Wenn man dann scheitert, ist der Versuch jedenfalls nicht gleich rundweg zu beklagen. In diesem Bändchen 2.1 *aus den Memoiren eines Doppelgängers* möchte ich wenigstens dem alle Bände begleitenden Obertitel immer wieder gerecht werden. Die beiden Häuser der Staatsbibliothek verdienen es in jeder Hinsicht, mit *himmlischem Glanz* in Verbindung gebracht zu werden. Da kommt mir der Theologe Harnack natürlich gerade recht; Beatrice, la divina, sowieso.

Nebenbei hatte Harnack noch die Gründung des *Vereins der Freunde der Königlichen Bibliothek* angeregt. Sie erfolgte im Februar 1914. Er schien auch regen Anteil daran zu nehmen, sonst hätte er sich nicht am 23. Juni des Jahres beim Vorsitzenden des Vereins, Ludwig Darmstaedter, dafür entschuldigt, an der Sitzung am 25. des Monats wegen anderer Verpflichtungen nicht teilnehmen zu können. Verpflichtungen hatte er wahrlich genug. Er ließ es trotzdem an Eifer für die Sache der Bücher offenbar nie fehlen.

Inzwischen gibt es den Verein wieder, nun in Gestalt der oben schon genannten *Gesellschaft der Freunde der Staatsbibliothek zu Berlin*. So sehr ich mich glücklich schätze, seit ein paar Jahren deren Mitglied zu sein, so sehr interessiert mich wiederum der Vergleich der beiden Freundschaftsbünde. Im Fall Adolf von Harnacks*) lag ein solcher Bund schon aufgrund seines Credos nahe, alle Bibliotheksbenutzer zu Mitarbeitern und Freunden haben zu wollen. Für ihn war es, wie gesagt, noch mehr als ein normales Wollen: Es war ein Muss. Wenn allesamt, Mitarbeiter und Nutzer, ohne Unterschied ihrer Funktion zu Freunden wurden, war der Schritt zu einer Vereinsgründung nur noch eine formale Angelegenheit. Sie institutionalisierte, was bereits gegeben war. Der Verein ging gleichsam organisch aus dem Bibliotheksleben hervor.

Ganz anders die jetzige Gesellschaft. Das kann man ihrem Präsidenten, André Schmitz, kaum vorwerfen. Wohl auch nicht der Direttrice. Zu verschieden ist der heutige Massenbetrieb von der Forschungsstätte für Wissenschaftler und Gelehrte, die Harnack leitete. Allenfalls Haus 1 könnte man in den Vergleich mit einbeziehen. Auch dort aber haben sich die Zeiten gewandelt. Das Freundschaftspathos des Theologen fände heute wenig Widerhall. Und doch ist es gut hundert Jahre später eine Überlegung wert, wie sich der Betrieb der nunmehr beiden Häuser der Berliner Staatsbibliothek besser auf die Gesellschaft ihrer Freunde abstimmen ließe.

Gegenwärtig ist es so: Präsident und Generaldirektorin

laden gemeinsam zu einer Veranstaltung der Gesellschaft ein. In der Regel sind sie auch beide präsent. Die Eröffnung eines Abends ist dabei immer lustig anzusehen. Die Direttrice sagt die einleitenden Worte und begrüßt die verehrten Anwesenden. Bei André Schmitz und nur bei ihm fügt sie zum Schluss ihrer Begrüßung das „Lieber" in der Anrede hinzu: › ... *und lieber André Schmitz‹.* Tritt dieser danach aufs Podium, vergisst er nicht, sich bei der Begrüßung mit ›*Liebe Barbara*‹ zu revanchieren. Meist gibt es noch ein Küsschen rechts und links auf die Wangen der Direktorin, ob schon unten im Parkett oder erst oben auf der Bühne, ist mir entfallen, jedenfalls bezeugt man sich gegenseitig liebevoll Respekt.

Zweifellos hat sich André Schmitz große Verdienste um die Gesellschaft erworben. Die Anzahl der Mitglieder ist unter seiner Präsidentschaft enorm gestiegen. Das allein ist schon Grund genug für ein dickes Lob. Wie Harnack ist Schmitz außerdem nicht nur Präsident der hiesigen Gesellschaft, sondern von x anderen Vereinigungen. Ebenso wie der Theologe hat er daher nur wenig Zeit, um sich diesem einen Präsidentenamt zu widmen. Anders als Harnack jedoch teilt er nicht die organische Verbundenheit mit der Bibliothek und kann sie auch nicht teilen. Er müsste denn beide Ämter in Personalunion versehen.

Schmitz gibt gerne den Prince charming. Das war schon in seiner Zeit als Staatssekretär für die Kultur Berlins so gewesen. Es ist immer eine Freude, ihm bei seinem Auftritt zuzuschauen. Da aber die Gesellschaft der Freunde, der er vorsteht, vom normalen Buchbetrieb getrennt ist, läuft er Gefahr, zum Bussi-Bussi-Bärchen seiner Barbara herabzusinken, anstatt sich der – darf man sagen: historischen? – Aufgabe zu stellen, endlich wieder eine organischere Verbindung zu den Nutzerinnen und Nutzern aufzubauen. Auch ihm überreichte ich ja anlässlich der Feierstunde zum Erwerb der Bach-Kantate meinen zweiten Band über die *zwielichtige Bibliothek.* Er wird die geringfügige Gabe flugs in seiner Asservatenkammer deponiert oder sofort in die Tonne getreten haben. Die Reformvorschläge, die darin für Haus 2 enthalten sind, hätte Harnack seiner Devise gemäß mindestens zur Kenntnis genommen. Das behaupte ich einfach mal in aller Bescheidenheit. Jedenfalls hätte er sie nicht gleich ad acta gelegt.

Will sich jemand als wahrer Freund der Staatsbibliothek erweisen, sollte er jede Gelegenheit ergreifen, ihre Schwächen zu studieren, um auf Abhilfe zu sinnen. Wer, wenn nicht der Präsident der einschlägigen Gesellschaft, der oberste Freund der Bücherfreunde, könnte das, ja, müsste das tun! Doch die Zeiten, sie sind nicht so. Es fehlt schon an der nötigsten Voraussetzung: einer Art christlich gefärbter Bereitschaft.

*) Harnack ist aus Anlass der Einweihung des neuen Hauses 1914 von Wilhelm II. geadelt worden. Bei der für die Gesellschaft der Freunde reservierten Führung durch das modernisierte Haus 1 Unter den Linden am 4. November 2019 gab ein vorwitziger Herr die Idee zum besten, man könne doch zur Eröffnung des Mutterhauses im Mai 2020 auch die Generaldirektorin mit diesem Privileg ausstatten. Ich schließe mich dieser Idee nur zu gerne an. Vielleicht ließe sich, weil wir keinen Kaiser mehr haben, der Bundespräsident zu einer Nobilitierung hinreißen. *Barbara von Schneider-Kempf* – das hätte doch was! Als frisch Geadelte wäre es gewiss unter ihrer Würde, einfache Angestellte zu übersehen. Noblesse oblige.

EIN AUFRECHTER PROTESTANT
Bejahung der Werte

Wer könnte heute noch seinen Glauben so überzeugend zum Ausdruck bringen, wie der große Theologe es getan hat – er wäre denn selber einer. Von einem aus der Kulturpolitik kommenden Präsidenten ist das ebenso wenig zu erwarten, wie von einer aus dem Architekturbereich stammenden Generaldirektorin. Und das um so weniger, als in den hundert Jahren nach Harnack der von ihm vertretene Protestantismus so vielen Anfechtungen ausgesetzt war, wie nach der Reformation schon lange nicht mehr.

Vielleicht ist es sinnlos, die Zeit hundert Jahre zurückspulen zu wollen. Wenn ich es hier trotzdem versuche, so deshalb, weil uns das Jubiläum, das wir feiern: die Wiedereröffnung des in neuen Glanz getauchten Hauses Unter den Linden, förmlich dazu einlädt. Und es ist nicht allein ein antiquarisches Interesse. Zum ersten Mal böte sich die festliche Gelegenheit, Haus 1 und 2 zwar nicht aus einem Guss, wohl aber aus einem Geist zu formen, auch wenn ihre unterschiedlichen Funktionen auf den ersten Blick dagegen sprechen. Die Widerständigkeit der zugehörigen Arbeitsteams lasse ich extra außer Acht, um den feierlichen Anlass nicht zu stören.

Zwei Häuser heute, ein Haus damals – wie soll das gehen, wird man sich vermutlich fragen. Doch schon Harnack sprach sich für zwei Häuser aus. Eins der beiden sollte nur für Präsenzbestände da sein. Das hielt er damals noch für Zukunftsmusik. Wer heute beide Häuser besucht, findet die von Harnack favorisierte Lösung in jedem einzelnen vor. Mit der Aufstellung der Freihandmagazine ist sein Wunsch in Erfüllung gegangen.

Was noch auf Erfüllung wartet, ist der freundschaftliche

Umgang mit den Besucherinnen und Besuchern seitens der Generaldirektion. Das sei nun meine eigene Zukunftsmusik. Da es in diesen Memoiren immer auch um die Rolle von Verwechslungen geht, tue ich mal so, als wäre ich nicht Martin Mosebach, sondern ein Hörer jener Vorlesungen Adolf (von) Harnacks, die unter dem Titel *Das Wesen des Christentums* herausgekommen sind und ihn berühmt gemacht haben. Er hielt sie um die vorletzte Jahrhundertwende, 1899/1900. Das sehr bald in vierzehn Sprachen übersetzte Werk wurde ein Bestseller.

Harnacks Vorlesungen zuzuhören, war ein Genuss. Er hielt sie in freier Rede vor ca. 600 Studenten. Einer von ihnen stenografierte sie ohne sein Wissen. Nur so gelang es, sie zum Druck zu bringen. ›*Meine Herren*‹, hieß es immer mal zwischendurch. Studentinnen gab es augenscheinlich keine, er hätte sie sonst sicherlich erwähnt. Auch seine späteren Reden als Generaldirektor der Königlichen Bibliothek richteten sich durchweg bloß an seine Mitarbeiter. Mitarbeiterinnen wird es auch dort nicht bzw. kaum gegeben haben. ›*Meine Herren*‹ also! Es ging ihm darum, ›*den Ernst und die Freiheit des evangelischen Christentums aufrecht zu erhalten.*‹ Ich zitiere aus der letzten Vorlesung, der sechzehnten: ›*Die Theologie allein vermag das nicht; Festigkeit des christlichen Charakters ist gefordert. Die evangelischen Kirchen werden rückwärts geschoben, wenn sie nicht standhalten.*‹ Welch prophetischen Worte!

Auf dem Podium agierte ein Theologieprofessor, der die Sache des längst gefährdeten Protestantismus' verfocht. Halb im Vortrags-, halb im Predigt-Ton ging es dann fort, bis er zum Schluss auf den Unterschied zu sprechen kam, den er höchstselbst, in seiner eigenen Person, verkörperte: ›*Es ist eine herrliche Sache um die reine Wissenschaft, und wehe dem, der sie gering schätzt oder den Sinn für die Erkenntnis abstumpft!*‹ Es folgt ein sprachliches Bild, das die Hörer, wenn nicht ergriffen, so doch in wundersames Staunen versetzt haben mag: ›*Aber wo und wie die Kurve der Welt und die Kurve unseres eigenen Lebens beginnt – jene Kurve, von der sie uns nur ein Stück zeigt – und wohin diese Kurve führt, darüber belehrt uns die Wissenschaft nicht.*‹ Das sagt der spätere Wissenschaftsorganisator. Es folgt die protestantische Ermunterung: ›*Wenn wir aber mit festem Willen die Kräfte und Werte bejahen, die auf den Höhepunkten unseres inneren Lebens als unser höchstes Gut (...) aufstrahlen, (...) – so werden wir nicht in Überdruss und Kleinmut versinken, sondern wir werden Gottes gewiss werden, des Gottes, den Jesus Christus seinen Vater genannt hat, und der auch unser Vater ist.*‹ (Schluss der 16. und der gesamten Vorlesung)

Da war er, der Kirchenhistoriker und Prediger in einem. Was ich wegließ, war die Passage, in der er unverdrossen auf den sich aufwärts entwickelnden Gang der Menschheitsgeschichte verweist. Fünf Jahre darauf wurde er zum Generaldirektor der Königlichen Bibliothek berufen. Und noch mal neun Jahre später brach der Erste Weltkrieg aus.

✳✳✳

Seitdem *Das Wesen des Christentums* erschienen war, wies die Kurve des Lebens, das sein Autor führte, weiter aufwärts. Auch die Kurve der Wissenschaft, sogar die der Kriegswissenschaft, zeigte nach oben. Doch selbst sie konnte nicht verhindern, dass die Kurve der Geschichte eine Entwicklung nahm, die zur Urkatastrophe des 20. Jahrhunderts führte. Friedhild Krause berichtet von einer völligen Lahmlegung der Bibliothek. ›*Bei 327 Mitarbeitern mussten ab 1914 zeitweise 90 von ihnen Heeresdienst leisten. 21 wissenschaftliche Beamte, darunter auch mehrere leitende, waren während der ganzen Dauer des Krieges abwesend.*‹ Die traurige Bilanz nach den vier Jahren: 13 Mitglieder der Bibliothek waren gefallen.

Gemessen an solchen Zuständen dürfte sich heute niemand beklagen. Beiden Häusern geht es gut. Nur der Geist will sich nicht so richtig einfinden. Da hapert es beträchtlich. Nimmt man Harnack als Vorbild, wie es hier geschehen soll, dann hat man von vorneherein schlechte Karten. Aber es geht ja auch keineswegs um eine Kopie, die sowieso unmöglich ist. Es geht um einen Neubeginn unter dem Zeichen dieses großen Vorgängers, das heißt um eine Neuformulierung der Werte, die er in seiner oben zitierten 16. Vorlesung so kräftig bejahte.

Werte aus echtem protestantischen Geist, wie er sie vertrat, können es nicht mehr sein. Dazu fehlt es heute zu sehr an religiöser Verbindlichkeit. Harnack schwebte in seiner Direktion als oberster Berliner Bibliothekar wahrscheinlich die Fortsetzung der geistigen Gemeinschaft vor, mit der er die protestantische Kirche als ganze gleichsetzte. Sie war für ihn keine unsichtbare Kirche. Den gängigen Vorwurf einer dem Protestantismus fehlenden Liebe zu zeremoniellem Gebaren wies er zurück. Seine Kirche war zwar nicht so sichtbar wie die katholische, sie repräsentierte dafür jedoch ein höheres Gut, ein geistiges, weshalb sie auf äußeres Gepränge verzichten konnte.

Wenn es stimmt, dass Harnack unter der Gemeinschaft der Wissenschaftler und Forscher eine in den Bibliotheksbereich verlängerte Gemeinde sah, dann erscheint sein Freundschaftspathos erst im richtigen Licht. Das muss einen nicht entmutigen. Sein Protestantismus war zwar ein kirchlich gebundener, aber zugleich profitierte er von der neuen Weltzugewandtheit der Reformation. Er konnte, wie zu sehen war, gleichzeitig predigen und sich in wissenschaftlichen Erörterungen über die Geschichte seines Glaubens ergehen. Er war gleichzeitig Wissenschaftsberater und Kirchenhistoriker. Er sprach nicht von der Kanzel einer der damals zuhauf entstehenden evangelischen Kirchen, sondern vom Podium in der Friedrich-Wilhelm-Universität. Seine innere Religiosität durchwirkte alle seine Funktionen, auch die des Generaldirektors.

Noch einmal zurück zum denkwürdigen Vortrag an seinem 150. Geburtstag.

Eine Mitteilung der Rednerin wollte mir zuerst nicht in den Kopf, bis ich mich in die Vorlesungen aus dem *Wesen des Christentums* vertiefte. Harnack habe, so die Vortragende, modernere Vorstellungen von einem Bibliotheksgebäude gehabt als der Erbauer, Ernst von Ihne. Ich dachte ursprünglich, Generaldirektor und Architekt hätten bei der Errichtung des Gebäudes an einem Strang gezogen. Der genauere Hergang ist mir bisher nicht bekannt. Aber man muss nicht lange überlegen, um ihn zu erahnen. Es ist Harnacks kraftvoll vertretener Protestantismus, der ihn vermutlich dazu brachte, mehr auf die zeitgenössische

Kritik an den Bauten Ihnes' zu achten als auf die Eingebungen des kritisierten Architekten.

1914, im Jahr der Einweihung der neuen Bibliothek, hatte die Geschichte des modernen Bauens längst begonnen. Ein Gebäude wie unser Haus 1 unterlag dem Gemäkel an seinem historistischen Stil. Die vielgerühmte Kuppel, unter der die damaligen Nutzerinnen und Nutzer ihren Platz einnahmen – heute durch den gläsernen Kubus von HG Merz ersetzt –, gehörte aufgrund ihrer sakralen Anmutung eigentlich zum Repertoire katholischer Bauten. Ähnlich verhielt es sich mit dem nicht weit von Haus 1 entfernten Bau, dem Berliner Dom, einer protestantischen Peterskirche, wie sie Wilhelm Zwo aus dem Herzen sprach. Es war ein bisschen viel Talmi dabei: gebauter Patriotismus im gemischten, synkretistischen Stil. Er sollte die dem Glauben längst entgleitende Nation noch einmal kirchen- und baupolitisch aufmuntern.

An der Modernität Adolf von Harnacks will ich bei meinem Entwurf ansetzen. Sein Geist mag mich beflügeln, und die Werte, für die er warb, mögen in säkularisierter Gestalt von heute ihre segensreiche weltliche Wirkung tun.

IV.
ÄSTHETISCHE AMBITIONEN

ZWEIERLEI BAROCK
Über Raum-Erlebnisse

Wie sich der Geschmack doch wandelt! Damals überschlugen sich die Kritiker. Ernst von Ihnes' Bauten – ganz von gestern. Ihr historistischer Stil kam nicht an. Kritiker gehen gerne mit der Zeit. Mit dem Fortschritt, bzw. mit dem, was gerade als Fortschritt gilt. Das musste der arme Ihne an mehreren seiner von ihm entworfenen Gebäude über sich ergehen lassen.

So auch am damaligen *Kaiser-Friedrich-*, dem heutigen *Bode-Museum*. Bei seiner Einweihung 1904 wurde es von der Zunft belächelt und durch den Kakao gezogen. Als es nach äußerer Rekonstruktion und innerer Neugestaltung durch Heinz Tesar 2006 wieder eingeweiht wurde, pries man es allenthalben wegen seiner zeremoniellen historischen Festlichkeit. Es stieß auf breite Zustimmung.

Das Haus 1 Unter den Linden wird bei seiner Neueinweihung wahrscheinlich eine ähnliche Begeisterung auslösen. Nach einem Jahrhundert modernen Bauens ist eine gewisse Erschöpfung festzustellen, außer bei den unaufhaltsamen Avantgardisten. Andere, wenn nicht sogar sie selber, lieben es, sich in den Häusern, vor allem den Wohnbauten der vorigen Jahrhundertwende, häuslich einzurichten. Der frühere Widerwille hat sich in einer beschaulicheren Ansicht des historistisch Überkommenen beruhigt.

Man darf auch nicht vergessen, dass von Ihne in der Gestaltung wenig frei war. Als Architekt des Kaisers hing er von dessen Geschmacksvorgaben ab. Eine Ausschreibung gab es weder für das Bode-Museum 1904, noch für die Königliche Bibliothek 1914. Wilhelm II. entschied sich für seinen Baumeister, und das hieß, dem obersten Bauherrn in bauästhetischen

Angelegenheiten Folge zu leisten. Selbst Ihne war wohl insgeheim moderner als man es ihm zutrauen mochte. Ob das die Mutter Wilhelms II., Kaiserin Viktoria, in ihrem Urteil schon vorwegnahm? Von ihr stammt das Ihne betreffende Wort vom ›*modernen Schlüter*‹.

Wie auch immer – aus heutiger Sicht können wir Milde walten lassen und uns an dem historisierenden barocken Formenvokabular erfreuen, das Ihne in Haus 1 – mit klassizistischen Anklängen – erneut vor unseren Augen ausbreitet. Allein die Eingangssituationen, die er geschaffen hat, sind überwältigend. Schon der Zugang über die Dorotheenstraße, der den Nutzerinnen und Nutzern, wie gesagt, bis Ende Oktober 2019 ausschließlich zur Verfügung stand, lässt die generöse Raumaufteilung ahnen, die nun in überschwänglicher Weise vom Haupteingang Unter den Linden gekrönt wird. Vorauszusehen ist, dass sich der Besucherstrom, der über Brunnenhof (Abb. 1) und Treppenhaus (Abb. 2) zum Aufgang in den neuen Lesesaal gelangt (Abb. 3 u. 4), von der Architektur prächtig erhoben fühlt. Die Lobredner des Architekten Merz, die ihr Lob auch auf diesen neuen Saal beziehen, loben ihn als architektonischen Höhepunkt (Abb. 5).

Ohne seine Leistung schmälern zu wollen – sie zeigt sich m.E. besonders in der Modernisierung der gesamten Innenarchitektur des Hauses –, scheint mir das Lob des neuen Lesesaals stark überzogen. Ich selber finde ihn einfallslos und besuche ihn ungern – ein Gefühl der Geborgenheit will sich nicht einstellen –, lasse aber lieber andere Stimmen sprechen. Eine kleine Auswahl: ›*Es ist einem nicht wohlig, er ist zu knallig, inspiriert einen nicht*‹ (Gabriela Witt). ›*Sein greller Rotton zerrt an den Nerven*‹ (Andreas Kilb). Was nicht inspiriert, ja sogar auf die Nerven geht, kann dem Denken kaum förderlich sein. Der Rotton, so muss man wohl sagen, ist eine Schnaps-Idee.*) Ich sehe auch kaum jemals Leute, die ihn fotografieren wollen, während im Haus Scharouns das absolute Gegenteil passiert. Als gläserner Kubus ragt der neue Saal wie ein Fremdkörper in Ihnes palastartige Struktur hinein. Die architektonischen Höhepunkte werden nicht durch Merz, sie werden durch Ihne gesetzt.

Frank Lloyd Wright hat schon zu seiner Zeit über die Glaskuben gelästert. Doch auch unter ihnen gibt es so großartig gelungene wie die *Neue Nationalgalerie* von Mies van der Rohe. Selbst das Haus 2, gegenüber dem Bau von Mies gelegen, weist im Innern eine – allerdings nahezu unsichtbare – kubische Struktur auf. Sie ist als Figur der Erinnerung Scharouns an van der Rohe gedacht. Der majestätischen Flucht der ineinander übergehenden Leseräume tut der unsichtbare Kubus jedoch keine Schmach an.

›Majestätisch‹ hat Peter B. Jones, einer der überzeugenden Lobredner von Scharoun, dessen Saalflucht genannt. Zu Recht. In meiner Huldigung des großen Architekten aus Bremerhaven, der uns dieses originäre Bücherschiff geschenkt hat, habe ich demgegenüber das Paradiesische des quasi-barocken Gestus hervorgehoben. Ich sehe mich als Nutzer wie in eine freie, unübersehbare Raumlandschaft mit den verschiedensten Blickachsen entlassen und fühle mich trotzdem geborgen. (Abb. 6-10) Die fluidale Raumfolge erheitert und erweitert den Geist. Und, nicht zu vergessen, sie erinnert, erstaunlich genug, in ihrer räumlichen Wölbung an den sakralen Innenraum der barocken Dresdener Frauenkirche. So sahen es wenigstens ihre Erbauer. Scharoun wäre dann der moderne Bähr, von dem die Kirche an Dresdens Neumarkt stammt – dies ein freundlicher Wink zurück an Kaiserin Viktoria.

Pendeln wir noch mal zurück zum Mutterhaus. Auch die Generaldirektorin lobt den neuen zentralen Lesesaal in den höchsten Tönen. Sie nennt ihn ›*einen transluzenten Glaskubus.*‹ Das ist mindestens gut formuliert. Und weiter: ›*Der Architekt HG Merz schenkte uns Raum, Licht und Weite – beste Voraussetzungen für wissenschaftliches Arbeiten.*‹ (Bibliotheksmagazin Heft 3/2019, S. 23) Ob sie es je selber ausprobiert hat? Lassen wir die Frage aus Gründen der Gentillesse unbeantwortet und beschränken uns auf die Hoffnung, sie möge Recht behalten. Indes, wenn ich auch nicht in das Lob auf den Neuen Lesesaal einstimmen kann, so finde ich dagegen die unter dem Merzschen Kubus gelegene Lounge, in der sich die Buchausgabe befindet, hinreißend gelungen: Eine Landschaft von senffarbenen Sesseln, in die man sich nur allzu gerne begibt. Ja, manche Besucher scheinen sich dort wohler zu fühlen als im Lesesaal selbst. (Abb. 11 u. 12)

***

Wäre es nicht in hohem Maße ungerecht, das Personal der beiden Häuser von solchen ästhetischen Erlebnissen auszuschließen? Ich denke besonders an die Mitarbeiterinnen und Mitarbeiter im mittleren Dienst, die jeweils ein völlig anderes Arbeitsfeld umgibt. Die Buchausgabe in Haus 1 ist in einer blendenden Lage. Man blickt von dort in die gerade beschriebene Lounge und kann sich vermutlich an der senffarbenen Sessellandschaft gar nicht satt sehen. Wer immer dort seinen Dienst versieht – es ist mehr als verständlich, dass er sich dem Ort verbunden fühlt und ihn mit keinem anderen tauschen will. Schon aus ästhetischen Gründen.

Von dem Pendant am Kulturforum lässt sich das ganz und gar nicht behaupten. Dort schaut man von den Arbeitsplätzen entweder auf eine nahe Wandfläche aus Milchglas oder ins Foyer. Dieses Foyer begrenzt zwar nicht gleich das Blickfeld, da es die Weitläufigkeit der darüberliegenden Leselandschaft besitzt. Doch von deren majestätischer Gebärde ist kaum etwas zu spüren. Es ist eben der Rumpf des Schiffes, und im Schiffsrumpf ist es nicht so schön wie an Deck, obwohl er die für das Fortkommen des Schiffes entscheidenden Funktionen aufweist. (Abb. 13-15)

Nichts läge also näher als die Schiffsmannschaft von Haus 2 auch mal die Ästhetik der senffarbenen Lounge von Haus 1 genießen zu lassen. Nebenbei könnte sie noch die erhebenden Eingangs- und Treppenräume von Ihne besichtigen. Wenn sie es denn nur wollte. Aber sie will ja nicht. Keiner will mit dem anderen tauschen, siehe oben. Der Entwurf einer Führungskultur für beide Häuser wird jedoch diesen Punkt unbedingt berücksichtigen müssen.

Eine erste Entlastung des Augensinns für beide Teams wäre schon gegeben, wenn sie sich gelegentlich erlaubten, in der majestätischen Saalflucht Scharouns spazieren zu gehen. Das lüftet den Kopf. Und da Gelegenheit Diebe macht, ist nicht ausgeschlossen, dass sich der eine oder andere an diesen paradiesischen Ort zurücksehnt. Auf diese Weise würde auch die Liebe zu Haus 2 ästhetisch in die Wege geleitet.

*) HG Merz hat ein Faible für falsche Farben, jedenfalls, soweit sie eine Bibliothek betreffen. Das grelle Grün, das er im vormaligen Aufenthaltsraum des Nordtraktes Unter den Linden verwendete, hat bei den dort Tätigen regelmäßig zu Kopfschmerzen geführt.

MEHR GLAMOUR
Haute Couture und Television

Ästhetische Interessen beim Personal einer Bibliothek zu wekken, ist gewiss kein Selbstläufer. Der Impuls dazu geht idealerweise von einer Führung aus, deren entsprechendes Interesse nicht erst selber geweckt werden müsste. Angenommen, es wäre schon da, angenommen sogar, es würde in der Stellenausschreibung zur verpflichtenden Bedingung gemacht, dann eröffnete sich ein weites Feld der Betätigung für das künftige Direktorium.

Von Zeit zu Zeit war aus den Reihen des mittleren Dienstes in Haus 2 die Klage zu hören, es mangele den beiden Häusern an Außenwirkung. Der Glamourfaktor sei zu gering. Man erwähnte die um öffentliche Mittel konkurrierenden Institutionen, die besser abschnitten. Meistens wurden die Museen im preußischen Kulturbesitz genannt, an erster Stelle das wegen stark überhöhter Kosten ins Gerede gekommene *Museum des 20. Jahrhunderts*. Der zuerst als ›Scheune‹, inzwischen als ›teuerstes Krustenbrot der Welt‹ (Niklas Maak) verspottete Entwurf von Herzog & de Meuron läge dem Haus 2 direkt gegenüber. Schon jetzt werden für das Projekt des renommierten Schweizer Architektenbüros doppelt so viele Gelder veranschlagt wie ursprünglich vorgesehen. Ob die Staatsbibliothek nun wirklich so viel schlechter abschneidet, scheint nicht so wichtig. Wichtiger ist der Eindruck, der unter den Mitarbeiterinnen und Mitarbeitern entstanden ist.

Mit Leichtigkeit könnte jedes Direktorium den angeblichen Befund entkräften. Wie viele Millionen wurden nicht schon für das Haus Unter den Linden aufgewandt und werden es noch. Der Hinweis läuft jedoch ins Leere, da der Eindruck nun einmal entstanden ist. Aus welchen Informationen er sich immer speisen mag, die Führung sollte ihn nicht übergehen und ihre Schlüsse daraus ziehen. Doch ehe das geschieht, möchte ich von mir aus etwas, das schon in Band 2 angeklungen ist, noch einmal aufnehmen und weiterspinnen.

Jedem, der nicht blind durch die beiden Häuser läuft, muss auffallen, dass es für das Personal offenbar zweierlei Anzugsordnung gibt. Die einen sind uniformiert, die anderen nicht. „Uniformiert" – das klingt für manchen sicher abstoßend. Es handelt sich aber um Kostüme in Weiß und Marineblau, die nicht im entferntesten an militärische Uniformen denken lassen, sondern eher an die Kleidung von Hotel- oder Flugpersonal. Alle Bediensteten der Berliner Museen tragen sie, auch die, die in der Staatsbibliothek tätig sind. Sie gehören der schon angesprochenen Sicherheitsfirma *Guard* an, einem Subunternehmen, das für die entsprechende Bekleidung sorgt.

Die Anzugsordnung der (mehr oder weniger) fest Angestellten der Staatsbibliothek ist keine. Deren Mitarbeiterinnen und Mitarbeiter tragen, was ihnen gefällt. Das mag manchmal entzückend anzusehen sein, sticht aber in der Regel negativ gegen die weiß-blauen Kostüme der Angestellten der Sicherheitsfirma ab, da das Weiß-Blau modisch nur schwer zu überbieten ist. Fazit: Wer von der Firma *Guard* kommt, hat in den beiden Häusern ästhetisch die Oberhand. Der uneingeweihte Besucher denkt, er habe es mit den eigentlichen Mitarbeitern der Bibliothek zu tun, während die anderen zum Sicherheitspersonal zu gehören scheinen. So weit, so gut und aus dem zweiten Band bekannt.

Um den Glamourfaktor zu erhöhen – sei es auch erst einmal nur aus der hier eingenommenen Binnenperspektive –, läge meines Erachtens nichts näher als einen Couturier zu kontaktieren, der ein noch schöneres Kostüm als das Blau-Weiße entwirft, damit sich das von der Bibliothek angestellte Personal, seiner individuellen Kleidung nunmehr ledig, vom Couturier in Schale werfen lassen kann. Hauptsache, es gefällt sich darin, weil es schick aussieht.

Was den Couturier (oder auch die Couturière) angeht, so könnte man etwa beim TV-bekannten Modedesigner Guido

Maria Kretschmer anfragen, ob er nicht etwas entwerfen möchte. Vielleicht macht er es sogar unentgeltlich, um sein Renommee, das er sich in den verschiedensten Bereichen erworben hat, durch die Arbeit für eine einzigartige Institution wie die Staatsbibliothek noch weiter auszubauen. Es wäre eine Marketing-Maßnahme, bei der es nur auf die richtigen Kontakte ankäme, und ein doppelter Lohn würde winken: Alle wären besser gekleidet, und das Ganze würde vielleicht vom Fernsehen übertragen.

Dort, beim ZDF, läuft schon seit Jahren eine Serie, die ich im 2. Band bereits als Anschauungsmaterial erwogen hatte, um die auf Glanzpapier gedruckte Broschüre der Staatsbibliothek ›Strategie 2015-2020‹ in ihren Grundzügen zu ersetzen. Es handelt sich um ›Das Traumschiff‹. Inzwischen sind weitere Folgen gedreht worden. Eine von ihnen fand ich so animierend, dass ich im Folgenden genauer auf sie eingehen möchte. Auf also zur *Traumfahrt nach Japan* – ein TV-Film, der vorzugsweise unserer Direttrice, gern aber auch ihrem Adlatus zu empfehlen wäre.

***

Die Serie ist gut gemacht. So richtig etwas zur Unterhaltung am Sonntagabend, zumindest für Zuschauer, die das *Herzkino* dem *Tatort* vorziehen. Warum sie sich so exzellent für Führungspersonen der Staatsbibliothek eignet, liegt daran, dass diese Zaungäste auf einem Hotelschiff sind. Das an der Pier vom Kulturforum liegende Bücherschiff ist von seinem Architekten bekanntlich auch als ein Hotel entworfen worden. Deshalb kann man sich von den Vorgängen an Deck des TV-Luxus-Dampfers so manches abgucken.

Wer die Serie genauer verfolgt hat, weiß, dass seit längerem die Rolle der Hoteldirektorin des Traumschiffes neu besetzt wurde. Die Schiffsgäste werden inzwischen nicht mehr von der charmanten Heide Keller empfangen – eine Seele von Mensch, deren Gruß stets so warmherzig ausfiel, dass man sich an Bord sofort heimisch fühlte. Die Schauspielerin Barbara Wussow, die die Keller abgelöst hat, verfügt jedoch ihrerseits über eine sehr reizvolle Haltung gegenüber ihren Gästen, sodass man ihre

Vorgängerin, trotz deren famoser schauspielerischer Leistung, nicht vermisst.

Als es nach Japan ging, blieb die Wussow noch eine Weile im Land, um seine Kultur näher kennenzulernen. Darüber berichtete sie in einer Dokumentar-Ausgabe des ZDF zur Japanreise. Die neue Hoteldirektorin des Schiffes war offensichtlich sehr beeindruckt von dem, was sie gesehen hatte, besonders aber von der Höflichkeit der japanischen Bevölkerung. Ihr Bericht gipfelte in der Bemerkung, wir, die Deutschen, könnten uns nicht nur eine Scheibe davon abschneiden, sondern ganze Laiber Brot.

Da ich das Glück hatte, das Land mehrfach zu bereisen, kann ich mir lebhaft vorstellen, was die Wussow meinte. In Japan fällt einem das höfliche Grüßen sofort auf. Früher galt es nur dem Kaiser. Seit der Demokratisierung des Landes gilt es jedem gegenüber. Man glaubt es hierzulande nicht, aber das macht das Leben leicht – so wie ein freundlicher Gruß am Morgen den ganzen Tag zum Leuchten bringen kann. Und es kostet nichts, nur eine Verbeugung. Uns würde das, wenn es dauerhaft geschieht, wahrscheinlich auf die Nerven gehen, aber wenn man das Land liebt oder sich nur für seine Kultur begeistert, wie Barbara Wussow, dann akzeptiert man es nicht nur, man fühlt sich, gerade als Fremder, in dem Gruß geborgen.

Die Nutzanwendung der ZDF-Dokumentation liegt auf der Hand. Die Generaldirektorin und ihre stolze Entourage sollte sich zum Ende ihrer Amtszeit dazu aufraffen, dem fernöstlichen Inselstaat ihre Aufwartung zu machen, besonders dann, wenn ihr noch einmal eine Verlängerung gewährt wird. Zu wichtig ist das anschauliche Beispiel, als dass man die Chance dazu verstreichen lassen dürfte. Dies Bitte aus früheren Jahren, der Direttrice eine kostenlose, japanisch inspirierte Tee-Zeremonie zu unterbreiten, erfolgte, weil, wer je an einer solchen in Japan teilgenommen hat, für sein ganzes Leben verzaubert ist. Sie hat die Bitte bedauerlicherweise ausgeschlagen. Dabei könnte die Zeremonie die Reise preiswert ersetzen.

Für den eher anzunehmenden Fall, dass sie das alles außer Acht lassen wird, hätte ich eine andere Idee. Wie wäre es, wenn jemand einen Automaten entwickelte, der das Nicken mit dem Kopf von sich aus übernähme. Ich sehe in diesem Automaten vorläufig eine Art Nickmaschine, die den Kopf immer dann gesenkt hält , wenn die Direttrice an einer Mitarbeiterin bzw. einem Mitarbeiter aus den unteren Rängen vorbeigeht. Es sähe dann für die Betreffenden wenigstens so aus, als ob sie grüßte. Vorzugsweise wäre die Maschine in ihren Nacken zu setzen – wie ein Schalk.

So oder so ähnlich könnten die beiden Häuser der Staatsbibliothek zu Nutznießern der glamoureusen Fahrten des TV-Traumschiffes werden. Möglicherweise ließe sich noch eine Fernseh-Crew dazu herbei, dieses automatische Nicken auch einmal zu filmen – natürlich so unauffällig wie möglich. Das versteht sich von selbst.

V.
DER ENTWURF

DIE FOYERS
Von der Pike auf

Für Leute, die Führungspositionen besetzen, empfiehlt es sich, alle ihnen untergeordneten Funktionen zu durchlaufen. Man weiß am besten, wie sie funktionieren, wenn man sie selber einmal ausübte. Beispielsweise kann eine Hoteldirektorin besser beurteilen, welche Probleme sich an der Rezeption ergeben, wenn sie auch eine Weile an der Rezeption saß.

Es fügt sich perfekt, dass Hans Scharoun die Staatsbibliothek, also sein Haus 2, wie schon erwähnt, auch als Hotel verstanden hat. Da gehen die Gäste ein und aus. Anders als auf dem Traumschiff oder anderen Etablissements müssen sie dafür seit Oktober 2019 nicht einmal mehr etwas bezahlen. Die Rezeption ist am Kulturforum das Drehkreuz. Das muss jeder Gast durchlaufen. Nachdem seine Karte vom Lesegerät gescannt und seine Tasche oder sein Korb vom Aufsichtspersonal kontrolliert worden ist, hat er Zugang zum Haus und kann sich frei bewegen.

In den die Kontrollstation betreffenden Verwaltungsvorschriften der Staatsbibliothek steht das Wort „Betreuung". Zumindest gebrauchte die Generaldirektorin dieses Wort, als ein spontanes Komitee sie vor Jahren auf Schwierigkeiten am Drehkreuz hingewiesen hatte. Schon, wenn man das Wort nur hört, könnte einem die Lust vergehen – die Lust an allem, nicht nur am Lesen oder ähnlichen Dingen. Gäste eines Hotels darf man nicht betreuen. Um keinen Preis! Man muss sie empfangen, sonst kann das Haus gleich Insolvenz anmelden.

Wie gut, dass die Vorschriften nicht alle befolgt werden. In beiden Häusern findet keine Betreuung statt, sonst hätte es nicht Fälle gegeben, in denen Gäste den Kotrollpersonen ihr Buch gewidmet haben. Eine schönere Empfehlung für die

Damen und Herren am Drehkreuz kann es nicht geben. Wenn sich also die Direttrice an diesen Ort begäbe und dort für eine gewisse Weile Dienst täte, käme sie vielleicht auch einmal in den Genuss einer solchen Erwähnung.

Widmungen dieser Art sind allerdings die Ausnahme. Der Alltag an diesen Stationen sieht nicht rosig aus. Mir wurde bereits manches Mal, wenn ich die Vorgänge bloß von außen betrachtete, schon vom Zuschauen schlecht. Da gehen viele Besucher nicht selten grußlos durch, haben möglichst noch den Kopfhörer auf und sprühen nicht gerade von guter Laune. Ich könnte diese Arbeit wahrscheinlich nicht länger als ein paar Stunden verrichten, wenn überhaupt, schon gar nicht den ganzen Tag und dann den nächsten und übernächsten auch noch. Es ist eine in jeder Hinsicht schlauchende Tätigkeit – vor allem für die Psyche. Kein Wunder, dass sie zu periodischen Krankheitsfällen führt. Wer diese Funktion als Führungskraft noch niemals ausgefüllt hat, weiß nicht, wie der Laden läuft. Weiß sie es, versieht sie eine Zeitlang diese Aufgabe, kann es sich segensreich für das ganze Haus auswirken, besonders dann, wenn sie es schafft, aus der Station der Kontrolle eine des Empfangs zu machen. Das gilt natürlich für beide Häuser.

Als erstes wären die jeweiligen Abteilungen der Buchausgabe und die Leihstelle davon betroffen. Positiv betroffen. Der Zufall will es, dass sich diese Funktionsstellen in größter Nähe der Drehkreuze befinden. Da müsste die Direttrice keine großen Umwege einschlagen. Sie könnte diese Stellen, die sie bis auf den heutigen Tag gemieden hat, in schuhwerkschonender Kürze erreichen. Welch ein Fest wäre es, sie dort erstmals begrüßen zu dürfen – dort, wo sich die Räume befinden, die den Gast mit geistigem Material versorgen. Hier zeigt sich brennpunktartig die größte Schwäche ihrer ganzen Amtsperiode. So gut diese Bereiche auch durch die jeweils vorgesetzte Leitung gehandelt wurden, ihnen fehlt, wie eingangs betont, die Führung durch die Generaldirektion. Sie sollte den isolierten Teams eine gemeinsame Richtung geben. Es sind seit Jahren verwaiste Abteilungen.

***

Wie sich mir die Situation der beiden Häuser darstellt, gibt es an keiner Stelle so viel Harmoniebedarf wie im sogenannten Mittleren Dienst. Er sitzt dort, wo sich die Generaldirektorin wunschgemäß als nächstes aufhält – am besten nach einer angemessenen Pause, um sich von den Anstrengungen des Dienstes am Kontrollkreuz zu erholen. Denn anstrengend wird der Dienst auch in der Buchausgabe sein, ganz besonders in der am Kulturforum, weil ihr die Leihstelle angeschlossen ist. Insofern gilt es jetzt, zwischen den beiden Häusern genau zu unterscheiden.

Am liebsten hätte ich eine Stelle als stiller Beobachter bekommen, um wirklich mitsprechen zu können. Da ich sie nicht bekam, muss es leider bei einer Betrachtung nur von außen bleiben. So bitte ich vorab um Vergebung, wenn ich die Verhältnisse nicht sachgerecht genug beurteilen sollte. Allerdings ist schon mit bloßem Auge selbst für den eiligen Gast gleich zu erkennen, wie unterschiedlich die Lasten in Haus 1 und 2 verteilt sind. Unter dem Vergrößerungsglas stellt sich die Lage so dar: Die einen (Haus 2) haben relativ viel, die anderen (Haus 1) relativ wenig zu tun. Das liegt nicht an der unterschiedlichen Natur der Diensthabenden, es folgt aus der Natur der Sache. Wo nicht so viel anliegt, kann auch nicht so viel getan werden. Ich würde es indes auf Dauer selbst in Haus 1 nicht lange aushalten, da die dort Beschäftigten die von den Nutzern an der Empfangstheke gewünschten Bücher stets zu ihnen hinbringen müssen. Oft genug sind so dicke Folianten dabei, dass man es ohne stetes Fitnesstraining sicher nicht bewältigt.

Jede Tätigkeit hat daher ihre eigenen Tücken. Wenn jedoch nicht alles täuscht, ist die unterschiedliche Schwere der Arbeit einer der Gründe für die Disharmonie zwischen den Arbeitsteams, obwohl keins mit dem anderen tauschen will. Die stärker empfundene Freiheit im Umgang miteinander scheint in Haus 2 trotz größerer Arbeitsbelastung mehr für das Verharren an Ort und Stelle zu sprechen. Eine Direktion, die diese Differenzen harmonisieren wollte, wäre also um ihre Aufgabe nicht zu beneiden.

Da kommt die Schließung von Haus 1 gerade recht. Für die Zeit der restlichen Renovierung werden fünf (?) Mitarbeiterinnen und Mitarbeiter von der dortigen Buchausgabe an die des Hauses 2 verliehen. Man darf gespannt sein, wie sich das Verhältnis zwischen den beiden Teams entwickelt. Es ist wie eine Art Feldversuch. Am lebenden Objekt. Unterdessen verlautete aus dem Rumpf des Schiffes am Kulturforum, selbst wenn es ein einziges Haus der Staatsbibliothek gäbe, würde es zu keinem Interessenausgleich kommen. Dafür seien die Unterschiede einfach zu groß. Oder war es nur ein Raunen – gar ein Unken? Als jemand, der selbst das Team Unter den Linden, wenn auch immer nur von außen, näher kennengelernt hat, neige ich zu einem vorsichtigen Optimismus, zumal die etwas härter gesottenen Dienstkräfte möglicherweise in Haus 1 verbleiben. Zu wünschen wäre es.

Wie auch immer der in jeder Hinsicht spannende Feldversuch ausgeht, es gäbe in Zukunft viel zu tun, um eine gemeinsame Kultur der beiden Häuser verbindlich zu machen. Die von mir für nötig gehaltene Tour der Direktorin von der Pike an ist ja mit ihrem Praktikum in der Buchausgabe nicht beendet. Von da geht es in die Regionen des sogenannten Gehobenen Dienstes. Obwohl er mir nur punktweise vertraut ist, lässt sich eins seiner Probleme bereits aus der Sicht der unterhalb von ihm rangierenden Abteilungen benennen. Da die Buchausgaben die natürlichen Anlaufstellen der Nutzer sind, um sie mit dem nötigen Handwerkszeug des Denkens auszustatten, ist dort am meisten zu tun. Da kam es nun verschiedentlich zu Klagen über das mangelnde Ausleihen von Kräften des Gehobenen Dienstes. Konkret ging es um deren gelegentliche Aushilfe, kurz gesagt, um Aushilfe von oben, wenn unten Arbeitsüberlastung drohte.

Es war nicht so, dass nicht manche von den Gehobenen sehr gerne ausgeholfen hätten. Sie hatten schon vorher Gefallen an der dortigen Arbeit gefunden, oder es hatte ihnen einfach nichts ausgemacht. Wie es heißt, werden solche Aushilfen von oben höheren Orts seit kurzem nicht sehr gern gesehen, sodass der Mittlere Dienst auf seiner Arbeit sitzen bleibt. Hier fände die Generaldirektorin ein breites Betätigungsfeld vor, falls sie nicht selbst hinter der neuen Anordnung steckt. Doch gerade in diesem Fall wäre ein Dienst von der Pike auf genau das Richtige.

Wer als Reisender von der Schweiz kommt oder von den skandinavischen Ländern, staunt in der Regel über die statusbewussten Bürger der Bundesrepublik. Anderswo ist man offenbar bedeutend weniger auf seinen Status bedacht, was einer größeren Gelassenheit zu Gute kommt. Da hilft man sich dann leichter aus. Nichts gegen den Stolz, es in einen bestimmten Dienst geschafft zu haben. Oft hat man lange genug geschuftet, um genau das zu erreichen. In einer Institution wie der Staatsbibliothek zu Berlin, die sich auf ihre große Vergangenheit besinnt, dürfte die Empfindung des Stolzes nur nicht überhand nehmen. Sie dürfte jedenfalls nicht so weit führen, Aushilfsdienste zu verweigern, die weiter unten in der Hierarchie dringend benötigt werden.

Wir kommen um Harnack nicht herum. In einer Bibliothek, die sich in die Tradition seines Direktoriums stellt, ist das zu starre Festhalten an Rangunterschieden kontraproduktiv. Was zählt, ist einzig der Geist. Und der kennt erstmal keinen Status. Da kann das Genie neben dem Dummkopf sitzen, ohne es zu wissen. Beide eint die über den Laptop oder das Buch gebeugte Haltung und macht sie beide zu Suchenden.

DIE WÜRDE
Harnack heute

Wenn alle Stationen durchlaufen sind und die Führungsperson im Idealfall das gesamte Personal wenigstens einmal in Augenschein genommen hat, kann es nicht mehr so leicht passieren, dass jemand außer Acht gelassen wird. Damit wäre die Voraussetzung für einen moderneren Führungsstil gegeben, bei dem die unteren Ränge nicht mehr übersehen werden, weil sie für das Gedeihen des Ganzen unverzichtbar sind.

Diese modernere Methode hat vor ein paar Jahrzehnten, angeregt durch die berühmte Consulting-Firma McKinsey, in amerikanischen Unternehmensorganisationen Furore gemacht. Seitdem setzt sie sich in vielen Bereichen der Wirtschaft durch. Wie es dazu kam, sei kurz berichtet, um das Problem der Übertragbarkeit auf nicht-wirtschaftliche Institutionen besser zu erfassen. Man hatte sich Kapitalgesellschaften etwa gleicher Größe mit einem Umsatzvolumen von ca. 1 Milliarde Dollar vorgenommen – mit etwa gleichen Chancen in einem bestimmten Marktsegment –, um danach zu fragen, wieso die eine mehr ökonomischen Erfolg hatte als die andere, obwohl sie die gleichen *„hard factors"* aufwiesen, als da sind: organisatorische Struktur, verfolgte Strategie und angewandte systemische Verfahren. Man kam zu dem Schluss, der Grund müsse an den *„soft factors"* liegen, bei denen das Stammpersonal, die vorhandenen Spezialkenntnisse, vor allem aber Stil-Fragen und das Selbstverständnis aller Beteiligten die Hauptrolle spielen. *Das Ganze ist als sogenanntes „7-S-Modell"* in die Geschichte der Unternehmensberatung eingegangen, da die insgesamt sieben Faktoren alle mit einem „S" beginnen. Das 7-S-Modell sieht aus wie ein Atom-Modell, in deren Mitte das wichtigste „S" zu sehen ist: Das ›Selbstverständnis‹, amerikanisch: die ›shared values‹, ›geteilte Werte‹. Die Unternehmen mit dem größten Erfolg punkteten genau mit diesen ›Values‹, die vom gesamten Personal des Unternehmens gelebt worden waren. Darauf hatte die Führungsspitze ihr besonderes Augenmerk gelegt. Mit einem Wort, das die Sache knapp zusammenfasst: Die Führung hatte für die richtige „Motivation" ihrer Mitarbeiter gesorgt.

Es gibt eine ganze Spannweite von Werten, die ein Unternehmen verfolgen kann. Naheliegend war zunächst der Wert des Gewinnstrebens, der von allen Beschäftigten verinnerlicht werden sollte. Später geriet die Orientierung am Kunden und an der Kundenbindung, das Customizing, mehr ins Blickfeld der Führung, weil das schönste Gewinnstreben nichts nützt, wenn die Kunden ausbleiben. Inzwischen ist ›das achtsame Verhalten‹, die ›Mindfulness‹, ins Zentrum der Aufmerksamkeit der Unternehmensspitze gerückt – so sehr, dass viele den amerikanischen Begriff schon kaum noch hören können. Und doch ist und bleibt er zentral. Denn der Kunde ist ein launisches Wesen. Er bleibt weg, wenn er nicht genügend beachtet wird.

Ein solcher Führungsstil lässt sich natürlich auf die Staatsbibliothek nicht eins zu eins übertragen. Die beiden Häuser müssen gottlob keine Gewinne erwirtschaften. Doch schon die Frage, wie ihre Kunden, die Nutzerinnen und Nutzer, behandelt werden, dürfte das Generaldirektorium nicht ganz unbeachtet lassen. Sie wandern womöglich in andere Bibliotheken ab, wenn ihnen das dortige Klima, das Betriebsklima, besser gefällt. Von diesem Klima hängt das Wohlbefinden in dem jeweiligen Haus entscheidend ab. Ist es gut, beflügelt es die geistige Arbeit und führt zu den schon genannten Widmungen ans Personal, das ganz unten seinen Dienst tut.

Am Beispiel dieser Widmungen lässt sich gut belegen, wie wichtig es ist, das ganze Haus, im Fall der Staatsbibliothek beide Häuser, auf die gleichen Werte zu verpflichten. Wenn es also nicht das Gewinnstreben ist, so ist es bestimmt die Achtsamkeit auf die Besucher und auf das eigene Personal, die den täglichen Betrieb am besten in Gang hält. Da wir aber mit der Einweihung des restaurierten Hauses 1 rund hundert Jahre nach Harnack einen Neubeginn mit – hoffentlich – neuem Direktorium vollziehen, sollte es bei der Achtsamkeit allein nicht bleiben, so wichtig sie ist. Hier hilft die Rückbesinnung auf den großen Jahrhunderttheologen weiter. Seine protestantische Gemeinde kann, wie gesagt, nicht wieder erstehen, wohl aber seine freundliche Haltung, wenn wir sie nur genügend in unsere Welt übersetzen.

Es gibt einen Wert, der an die religiöse Tradition eines Harnack erinnert, ohne in ihr aufzugehen: Die Würde. Ihr wird im Grundgesetz der höchste Rang zuerkannt. Nichts liegt näher und nichts hindert uns, sie auch den beiden Häusern der Staatsbibliothek zugrunde zu legen. Mehr muss nicht sein.

KURZFASSUNG DES ENTWURFS

FÜHRUNGSKULTUR IN EINEM SATZ
Führungskultur ist dann gegeben, wenn sie sich
bis ganz unten auswirkt.

Die Abteilungen sind von oben nach unten durchlässig. Um die Motivation aller zu steigern, wird die Organisation verschlankt: je weniger Abteilungen, desto weniger Sand im Getriebe. Effiziente Institutionen sind arm an Hierarchien.

Die Kommunikationskanäle werden geöffnet. Ihre Verstopfung lähmt die gesamte Institution. Besonders der elektronische Verkehr erfolgt so schnell wie möglich. E-Mails werden zügig beantwortet und nicht nie.

Der gehobene Dienst ist ohne weiteres bereit, beim mittleren Dienst auszuhelfen, wenn die Arbeit dort nicht anders zu bewältigen ist. Schnelligkeit ist die Tugend gut funktionierender Organisationen.

Das Direktorium sorgt für den regelmäßigen Austausch der Teams in beiden Häusern, so wie es bereits im gehobenen Dienst geschieht. Alle sollen periodisch in den Genuss der besseren Bedingungen des jeweils anderen Hauses kommen.

Der Status-Unterschied zwischen Forschungsbibliothek (Haus 1) und Informationsbibliothek (Haus 2) verblasst im Zuge der vorangegangenen Maßnahmen, ohne dass die wissenschaftliche Arbeit darunter leidet. Statusbeharrlichkeit ist geistlos.

Gleiche Bezahlung für gleiche Arbeit muss endlich in beiden Häusern durchgesetzt werden. Den erneut auflodernden Ost-West-Dissens kann sich eine Institution vom Rang der Staatsbibliothek nicht leisten.

SCHLUSSSATZ

WÜRDE STEHT JEDEM ZU.
Nicht nur dem Personal der oberen Abteilungen. Das künftige
Direktorium tut gut daran, sich an diese Maxime zu halten,
die Foyers nicht zu meiden und jede Person mit einem Gruß
zu würdigen. Alles andere wäre würdelos, Punkt

Abb. 1: Brunnenhof (Haus 1)

Abb. 2: Treppenhaus (Haus 1)

Abb. 3: Aufgang zum Zentralen Lesesaal (Haus 1)

Abb. 4: Aufgang zum Zentralen Lesesaal (Haus 1)

Abb. 5: Zentraler Lesesaal. Foto: Gunnar Klack (CC BY-SA 4.0)

Abb. 6: Lesesaal-Landschaft (Haus 2)

Abb. 7: Lesesaal-Landschaft (Haus 2)

Abb. 8: Lesesaal-Landschaft (Haus 2)

Abb. 9: Lesesaal-Landschaft (Haus 2)

Abb. 10: Lesesaal-Landschaft (Haus 2)

Abb. 11: Lese-Lounge (Haus 1)

Abb. 12: Lese-Lounge (Haus 1)

Abb. 13: Lounge/Foyer (Haus 2)

Abb. 14: Lounge/Foyer (Haus 2)

Abb. 15: Lounge/Foyer (Haus 2)